Catch Me!
Geschwindigkeit fassen

→ S. 25

Catch Me!
Grasping Speed

→ p. 65

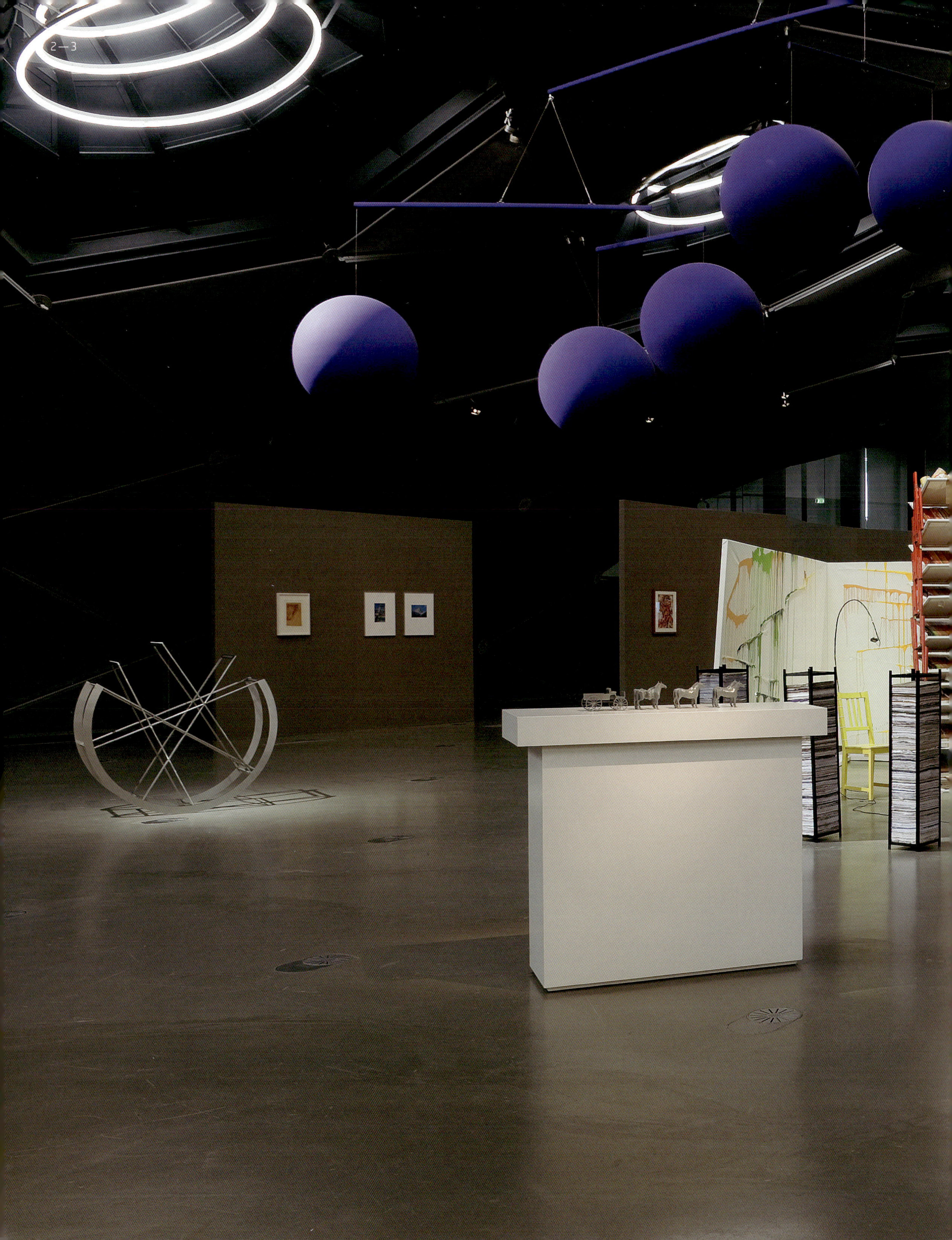

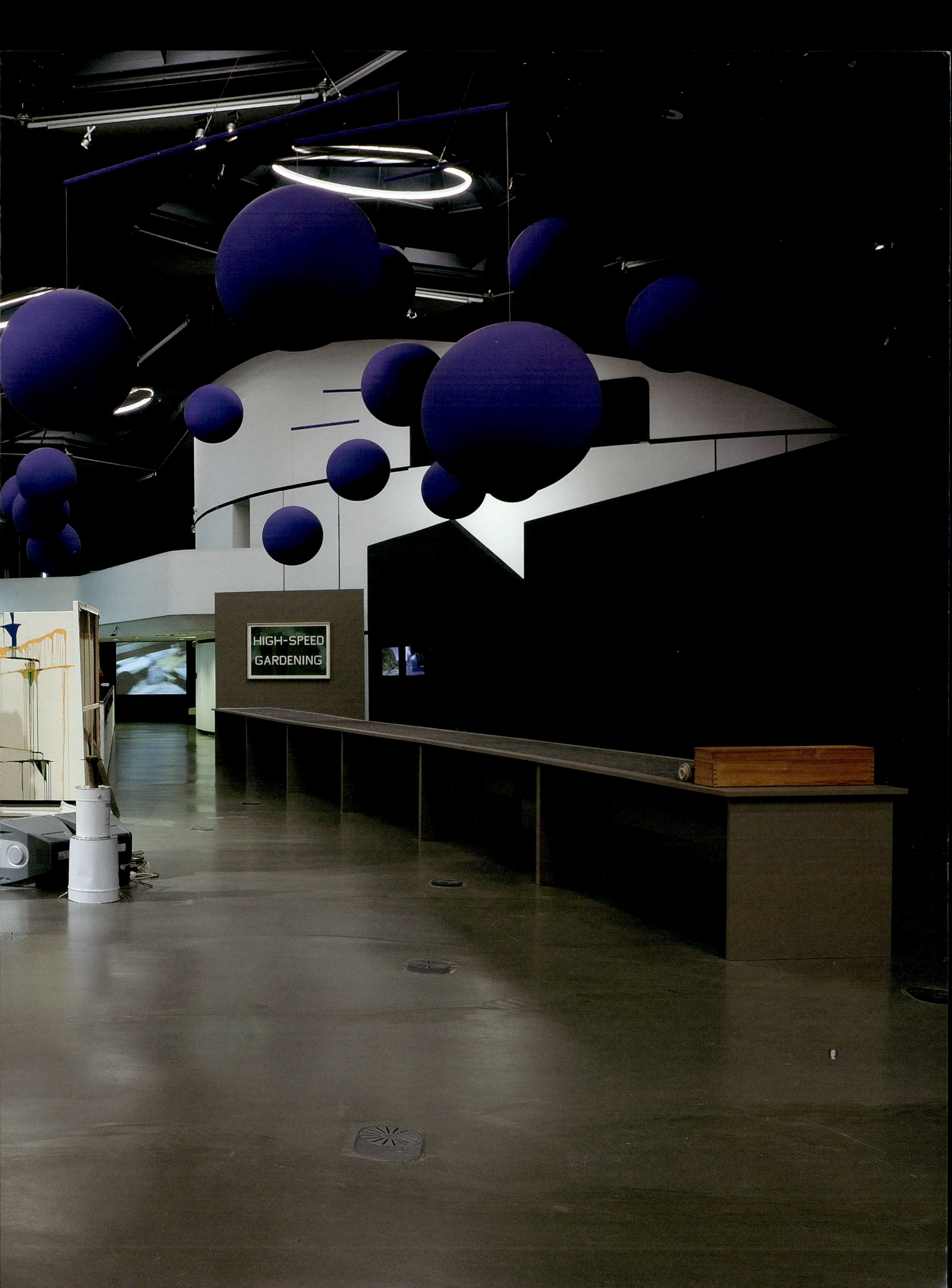
HIGH-SPEED
GARDENING

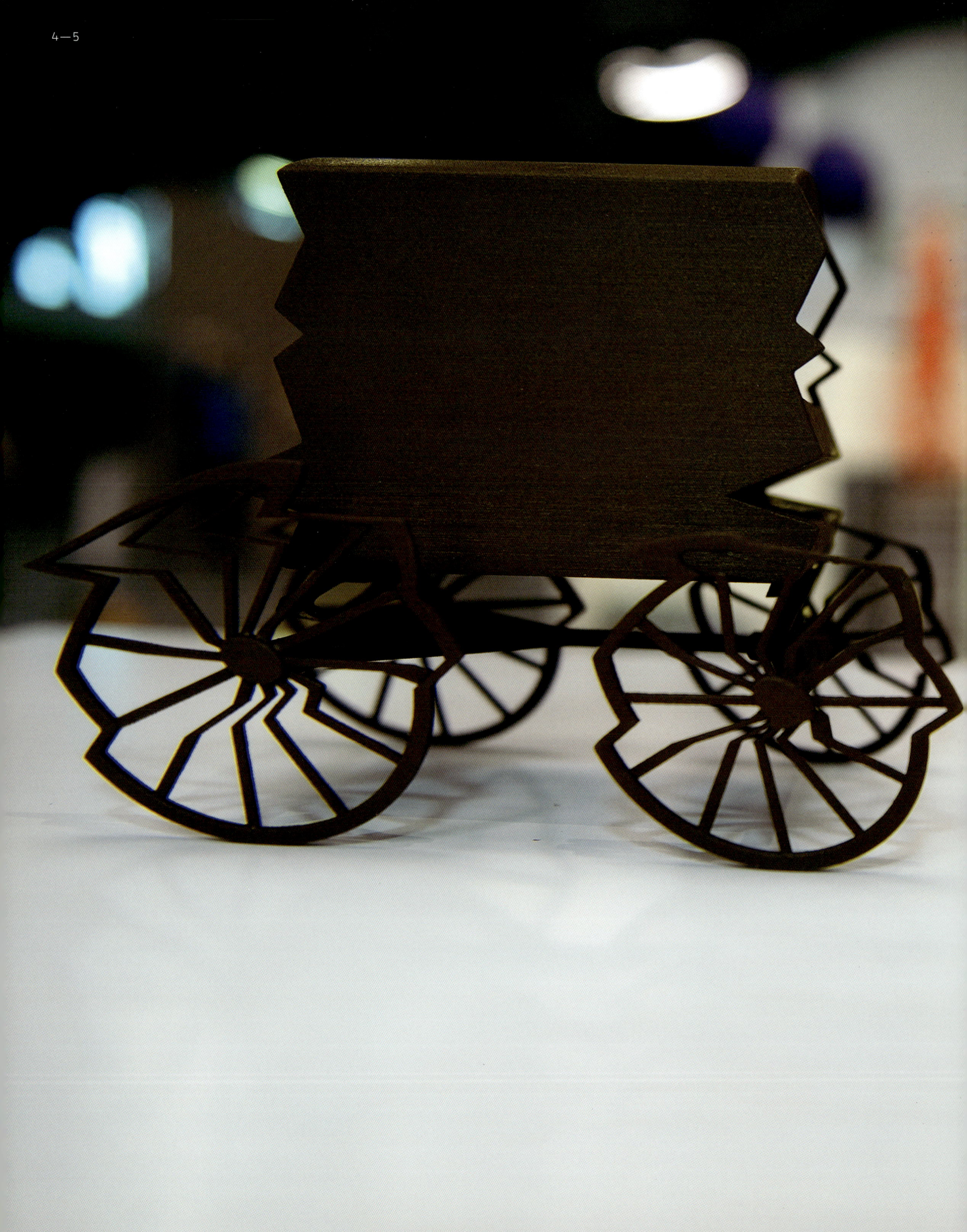

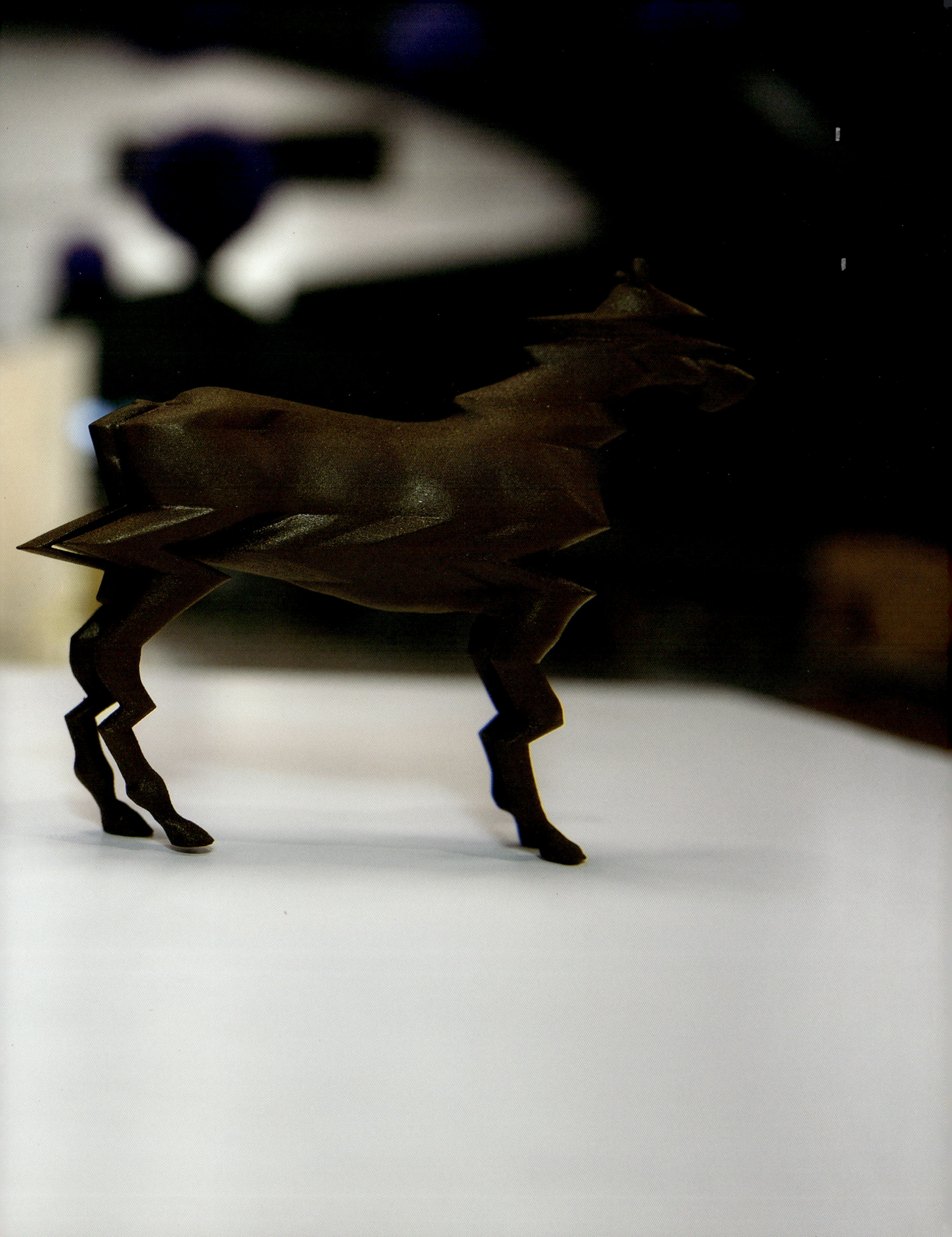

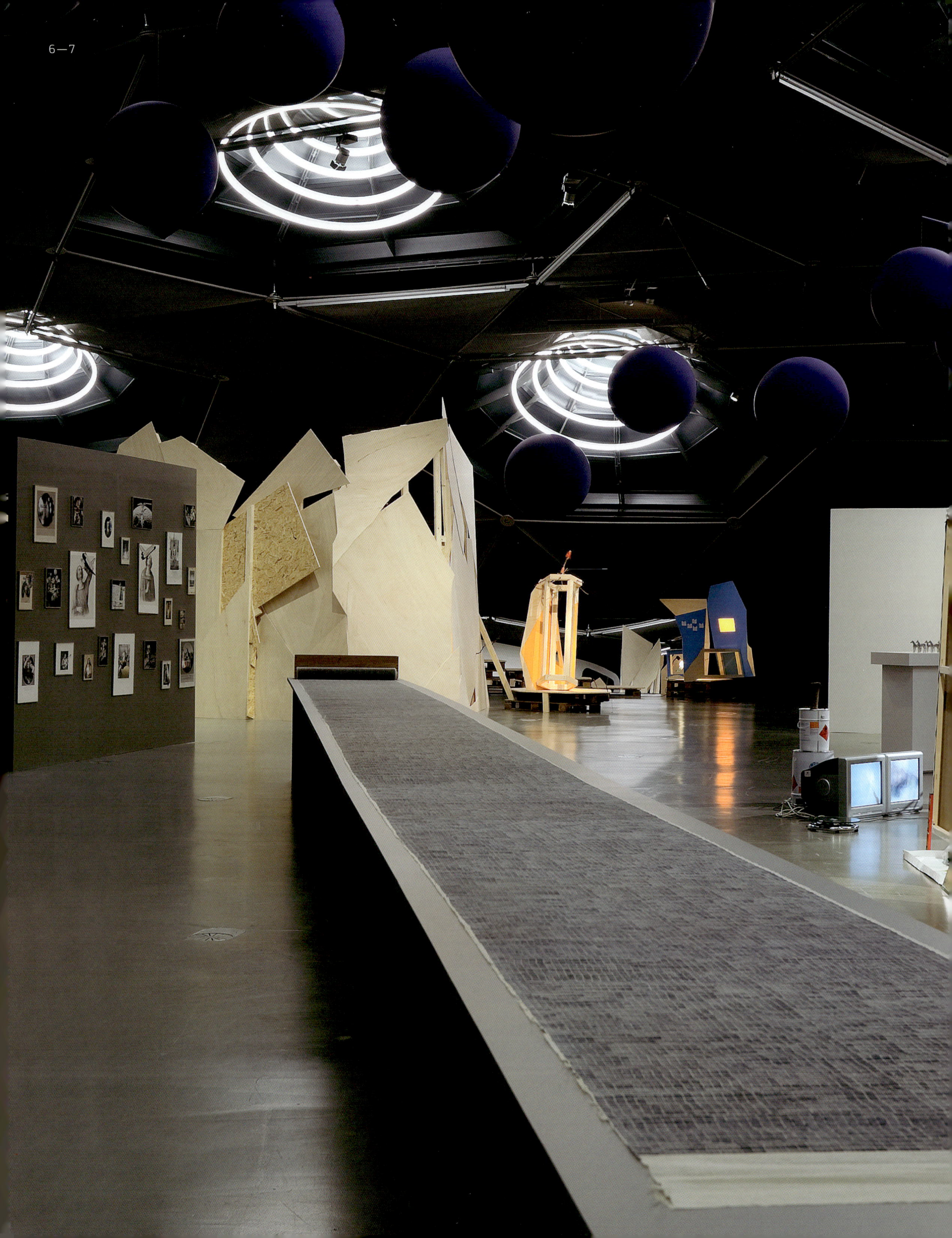

Xavier Veilhan
Mobile, 2009

Lu Qing
Ohne Titel/ Untitled, 2000/01

Aleksandra Mir
Aim for the Stars, 2008/09

Lisi Raskin
For Any Revolutionary Play, 2010

Stella Weissenberg
Straßengeräusch, c. 1918
© Wien Museum

Wilhelm Rösler
Autogeräusch, c. 1920
© Wien Museum

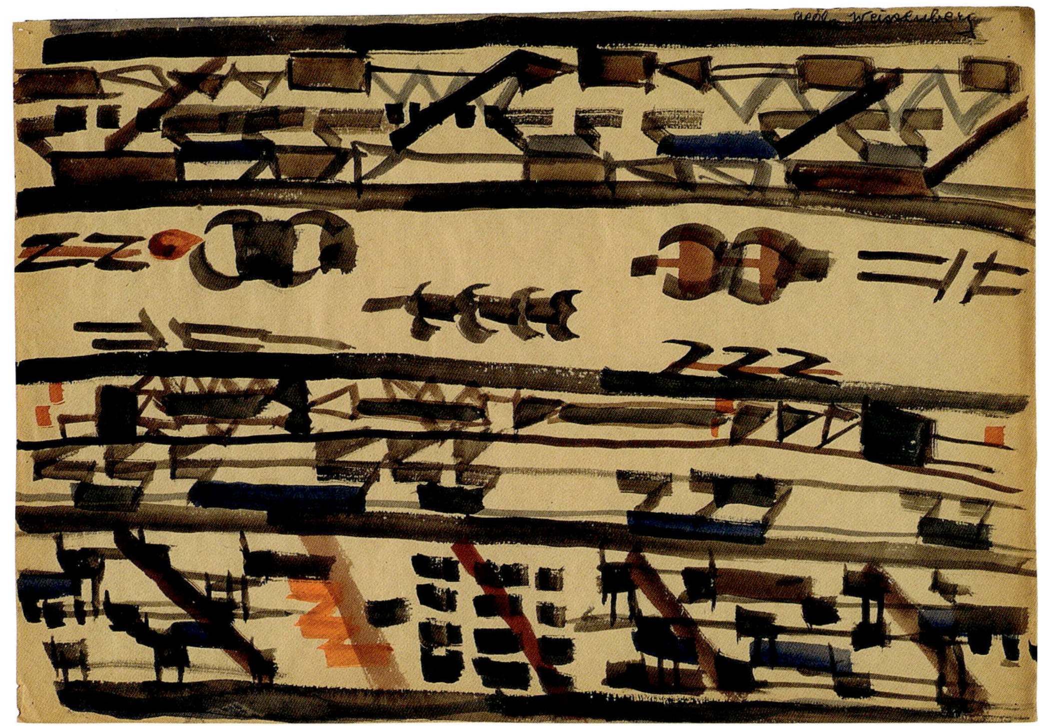

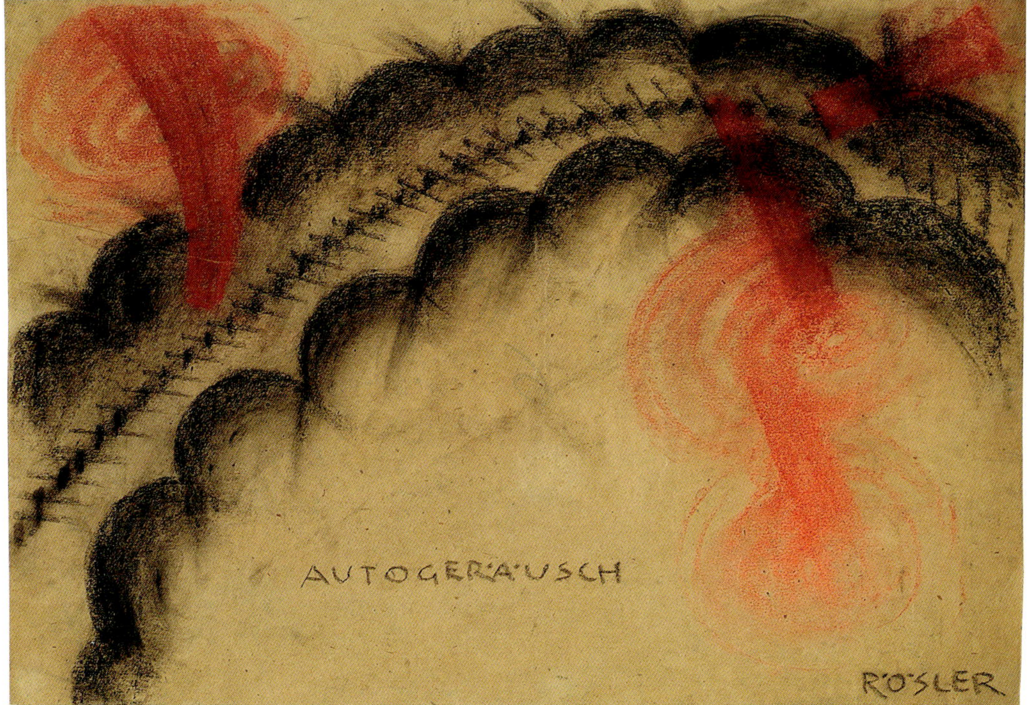

2—3

Installationsansicht *Catch Me! Geschwindigkeit fassen*, Space01

Installation view *Catch Me! Grasping Speed*, Space01

4—5

Xavier Veilhan
Amish Vibration, 2008

8—9

Aleksandra Mir
Aim for the Stars, 2008/09

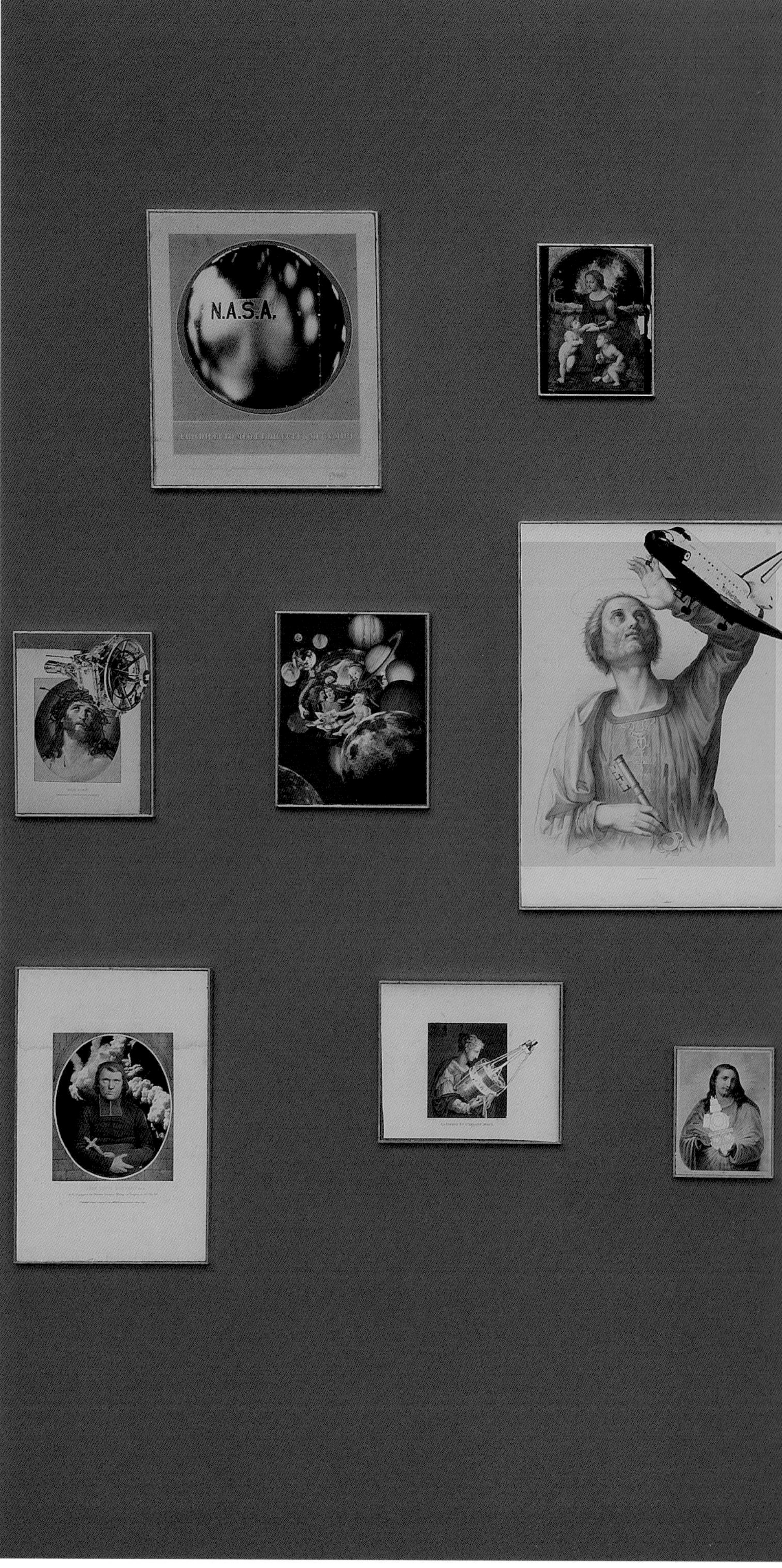

10—11

Lisi Raskin
For Any Revolutionary Play, 2010

12—13

Christian Eisenberger
Echo, 2010

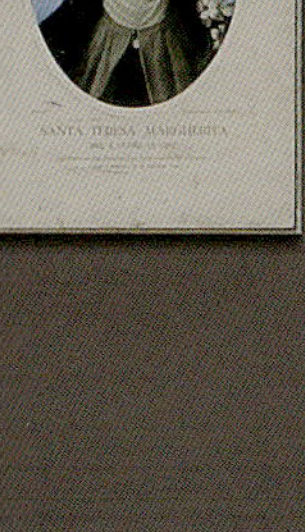
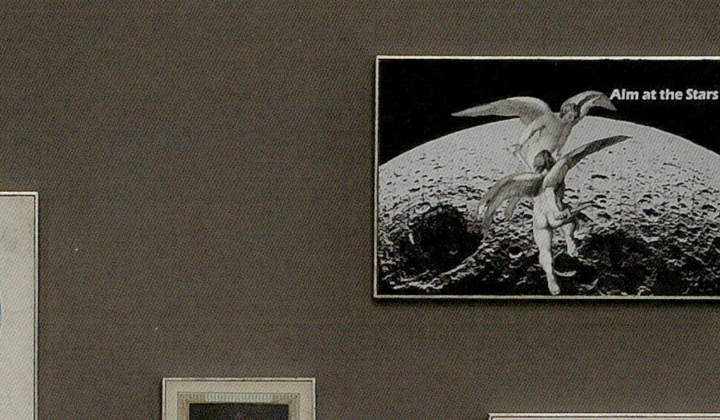
Aim at the Stars
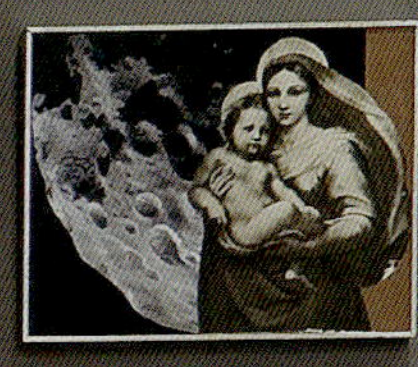
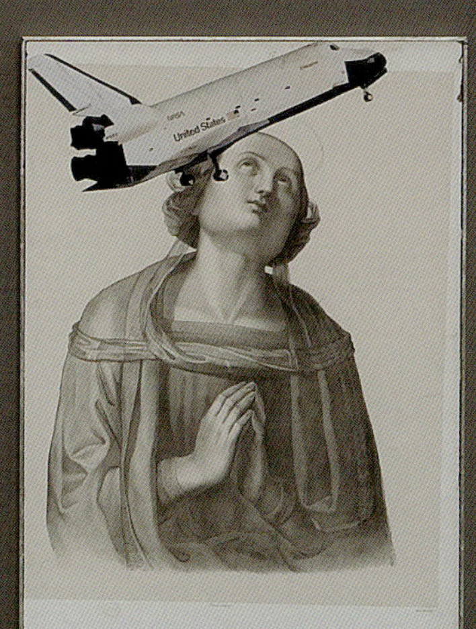
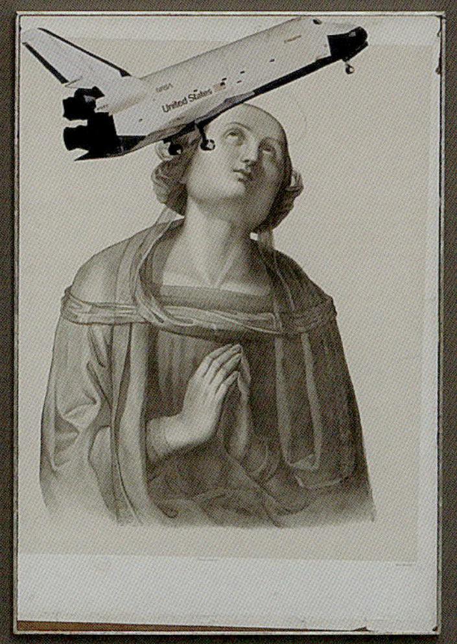
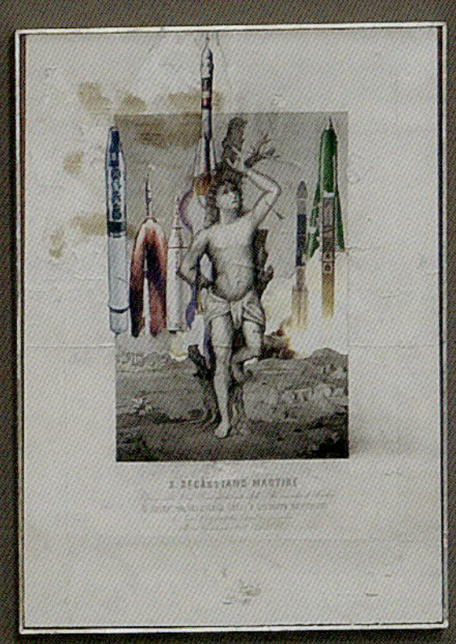
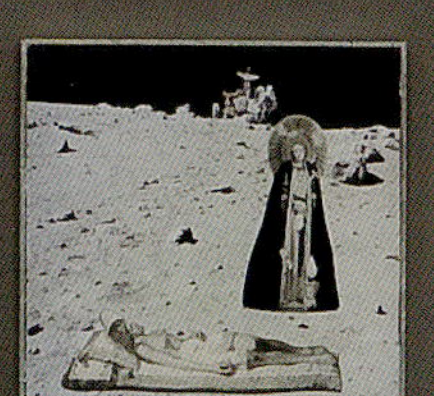
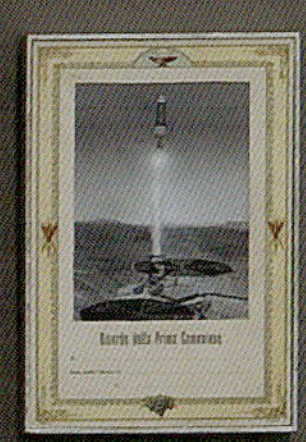
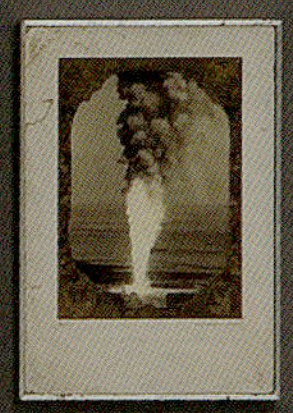
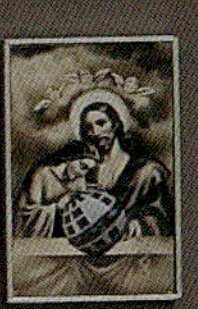
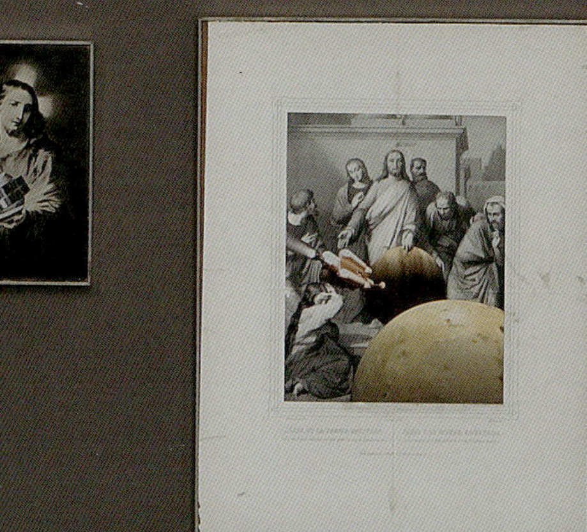
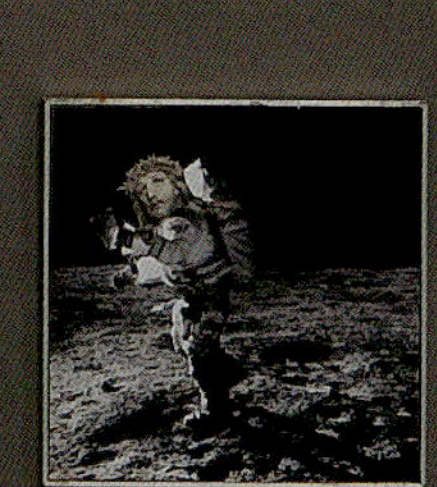

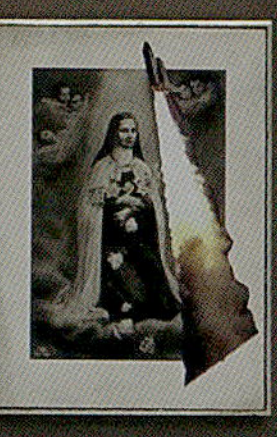
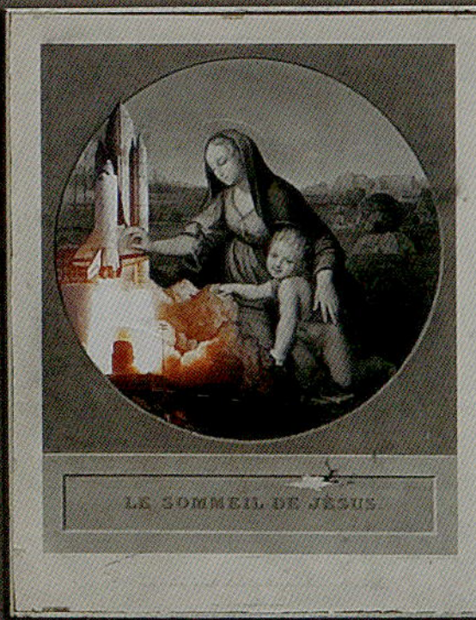
LE SOMMEIL DE JÉSUS

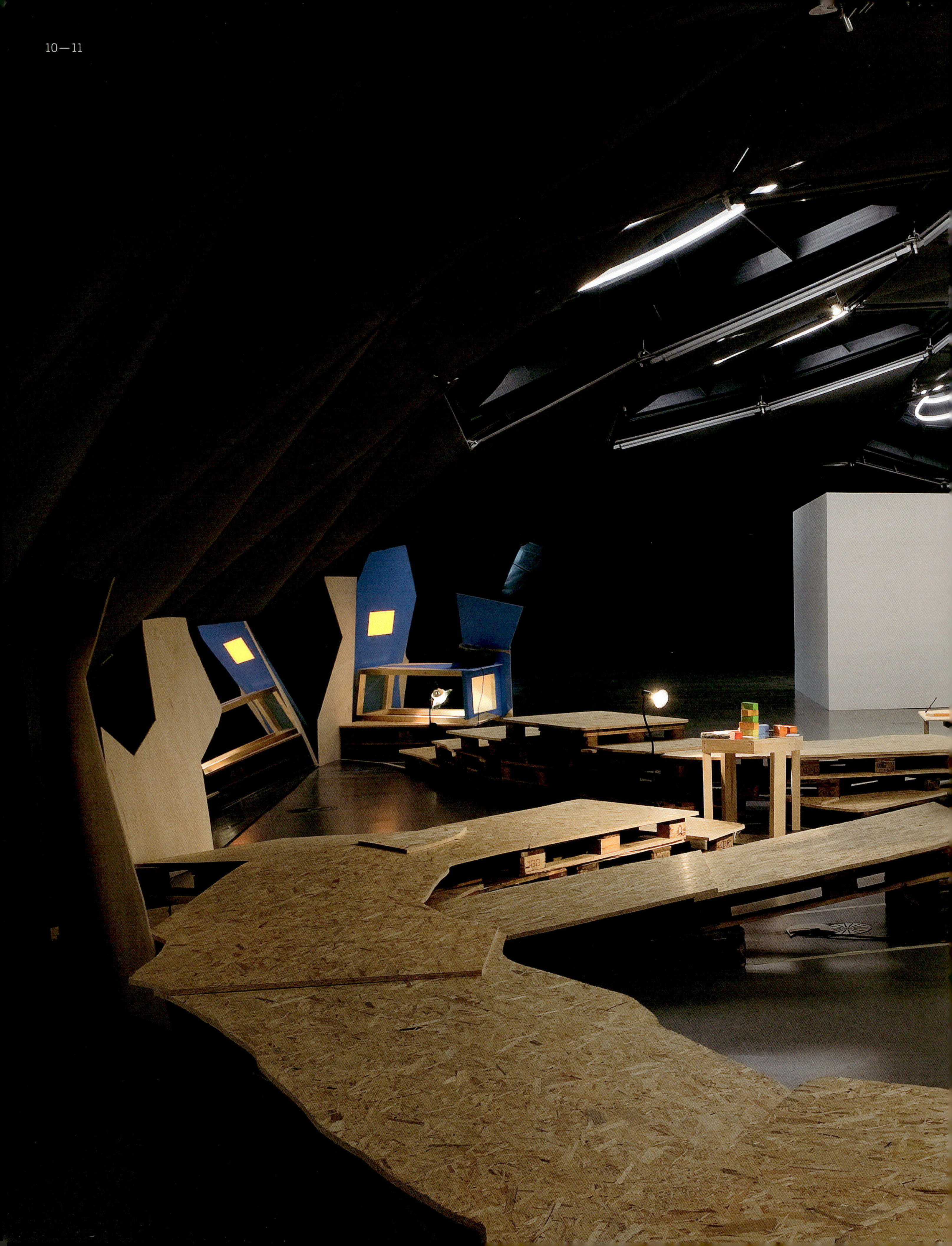

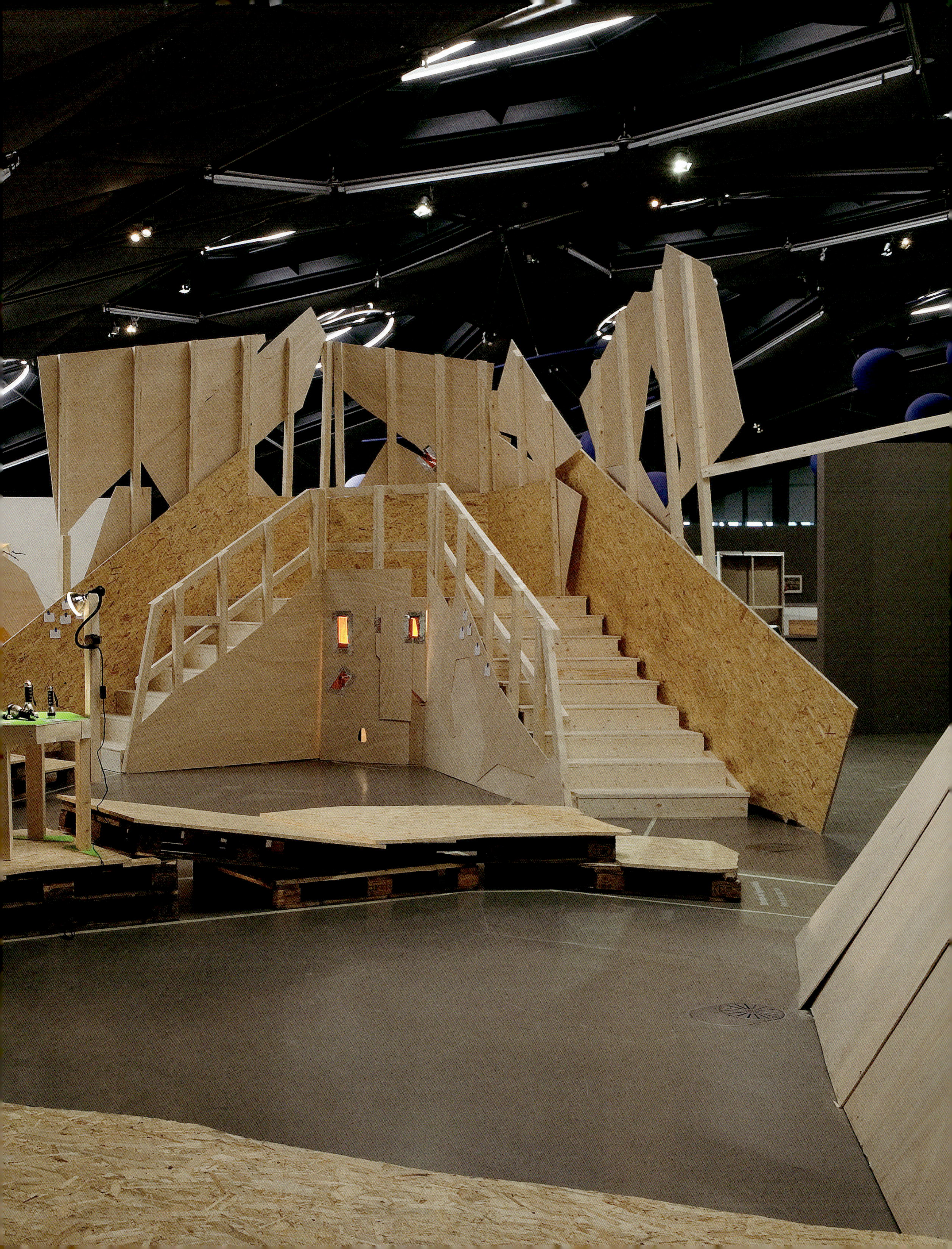

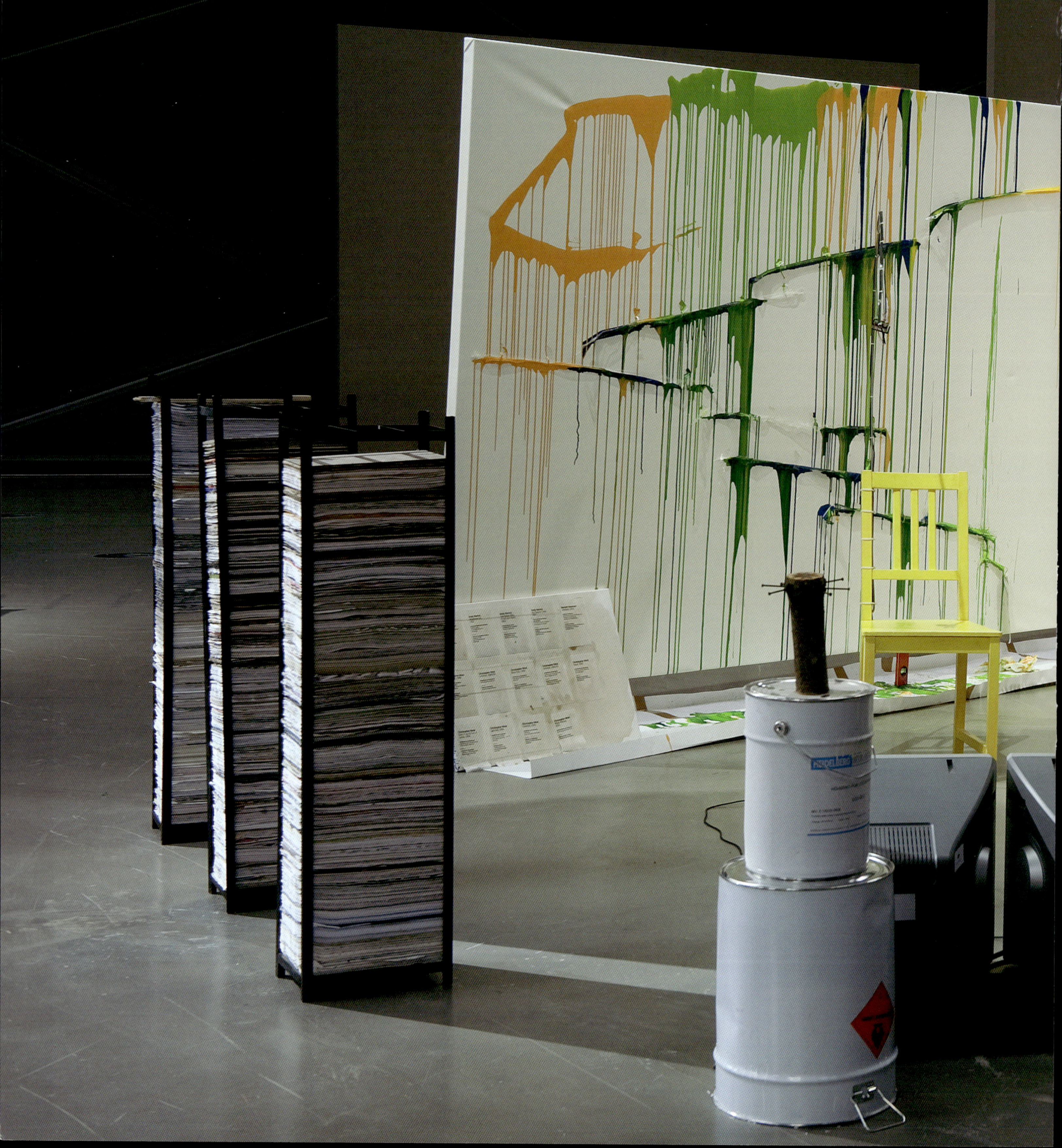

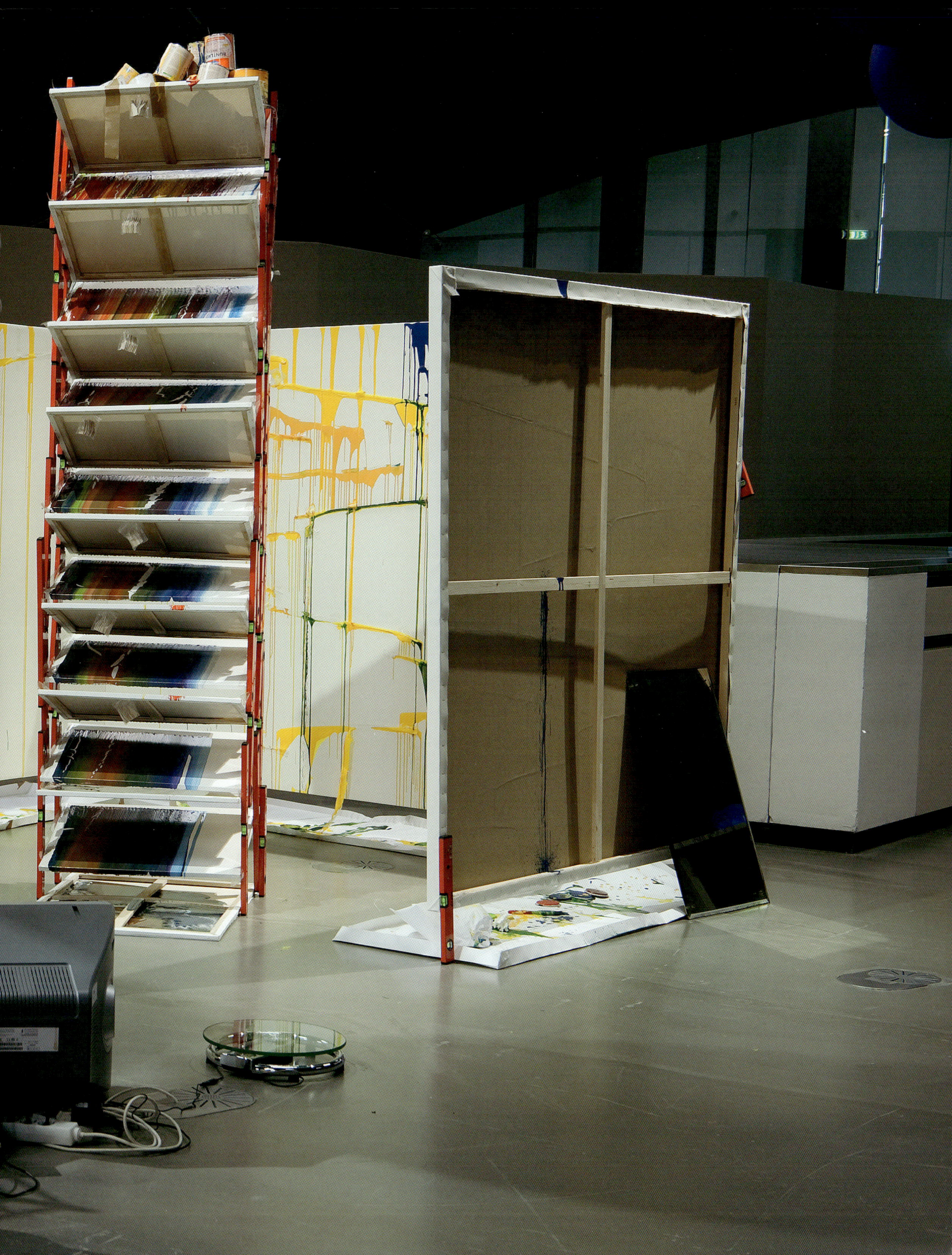

Roman Signer
Wettlauf mit Rakete/Race with Rocket, 1981 (Film Stills)
© Roman Signer

Schweben in einer Kiste/Floating in a Box, 1999 (Video Stills)
© Roman Signer

Markus Wilfling
Wo da ist, muss auch dort sein, 2010 (Video Stills)
© Markus Wilfling

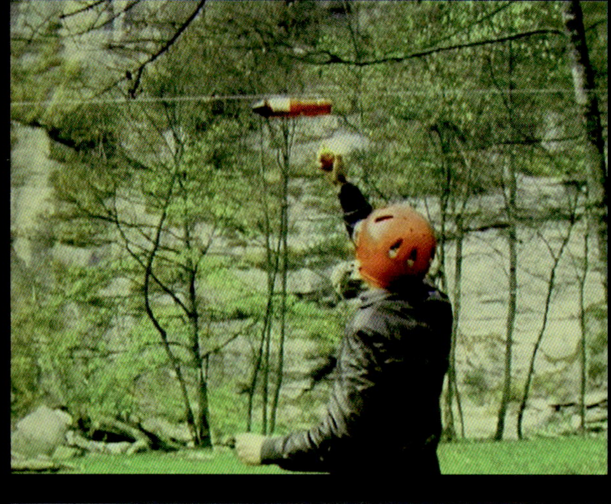

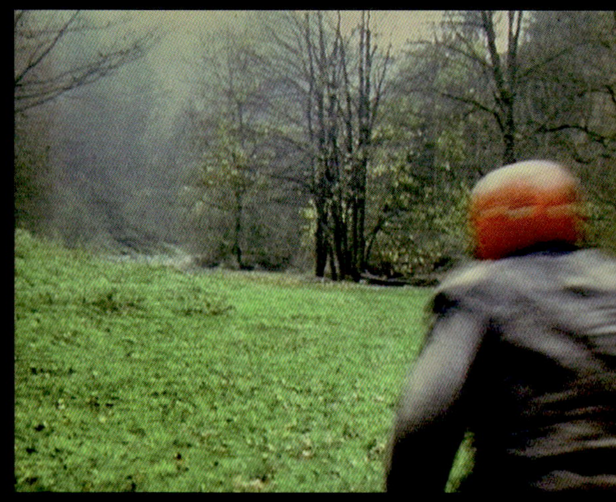

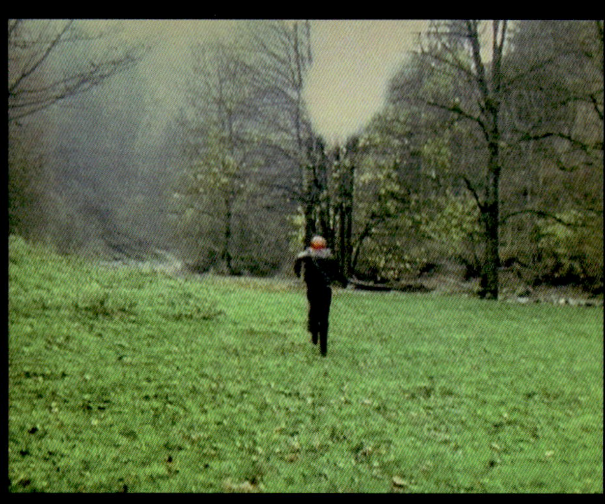

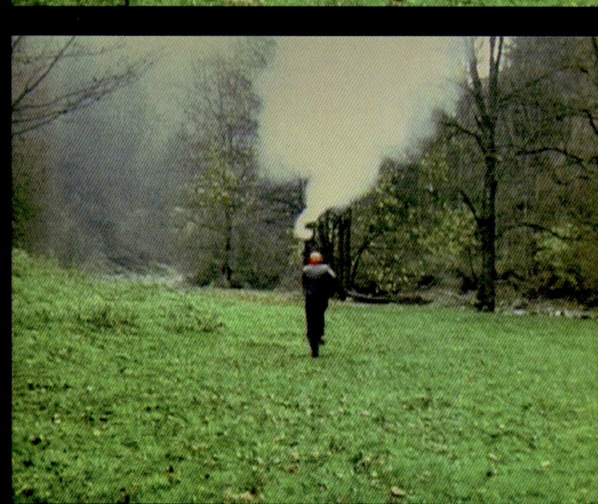

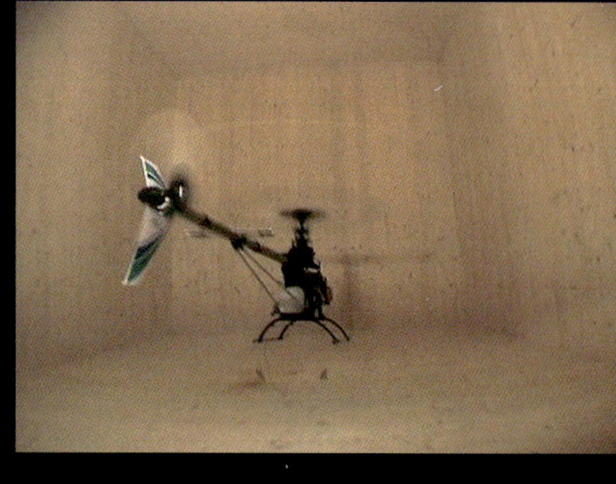

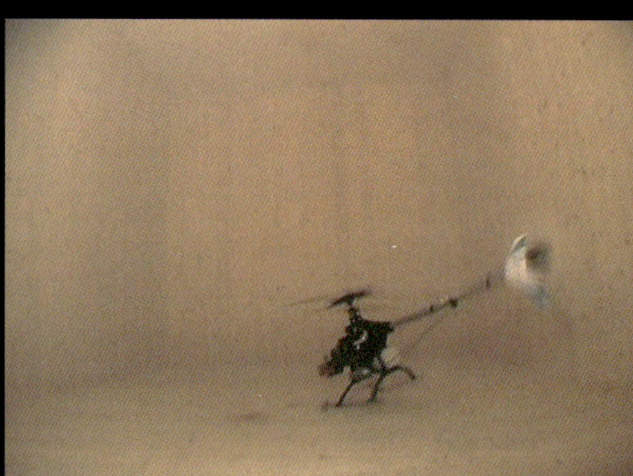

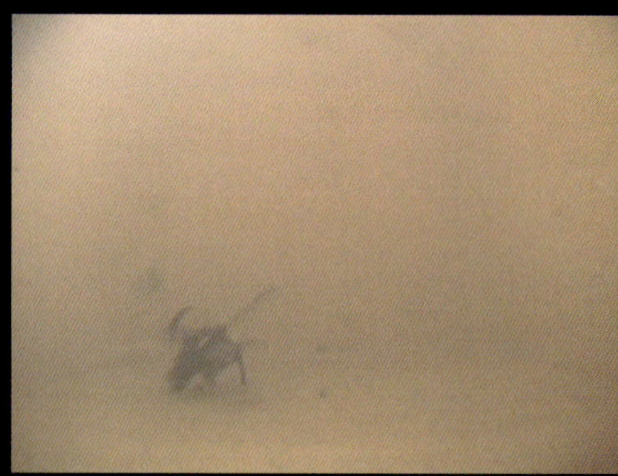

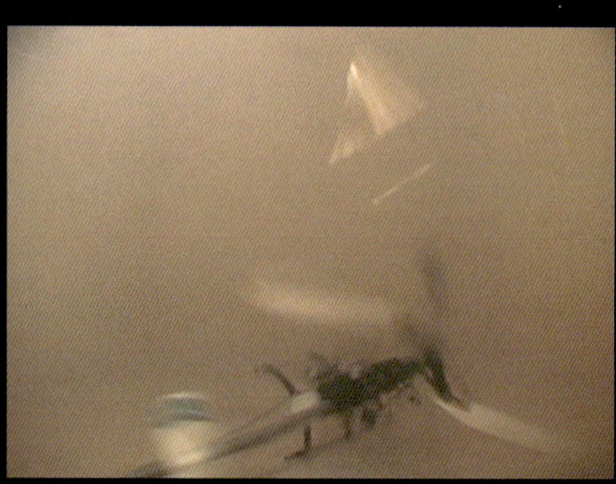

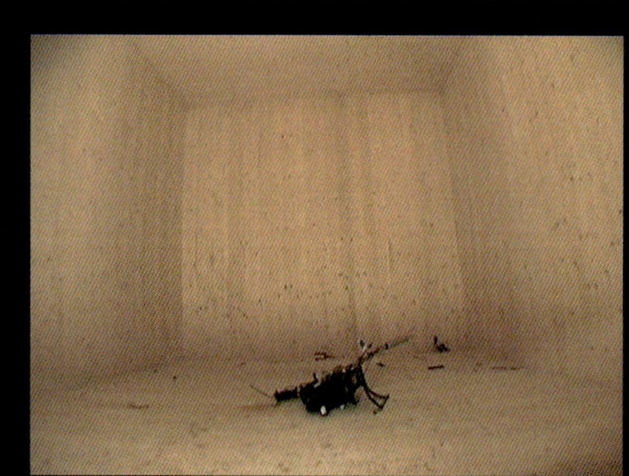

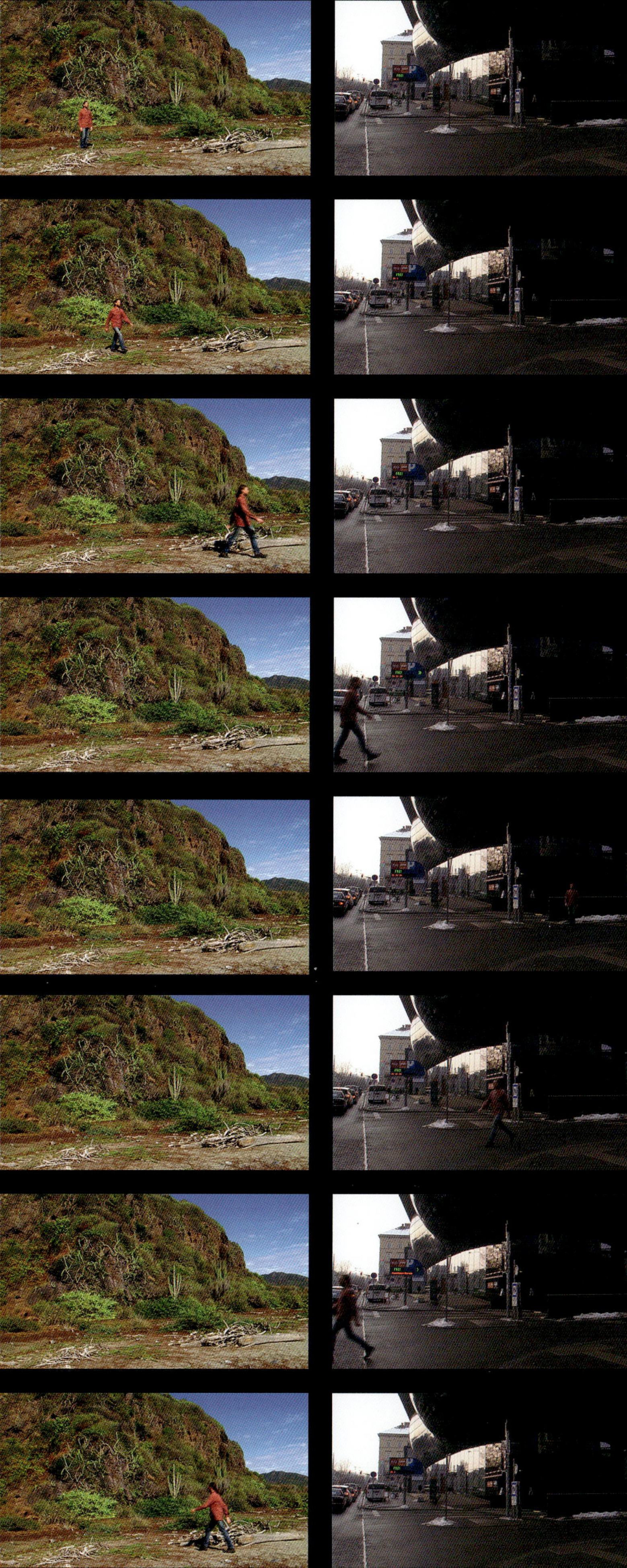

Anri Sala
Time After Time,
2003 (Video Stills)
© Anri Sala

Peter Fischli
& David Weiss
Der Lauf der Dinge,
1986/87 (Film Stills)
© Peter Fischli
& David Weiss

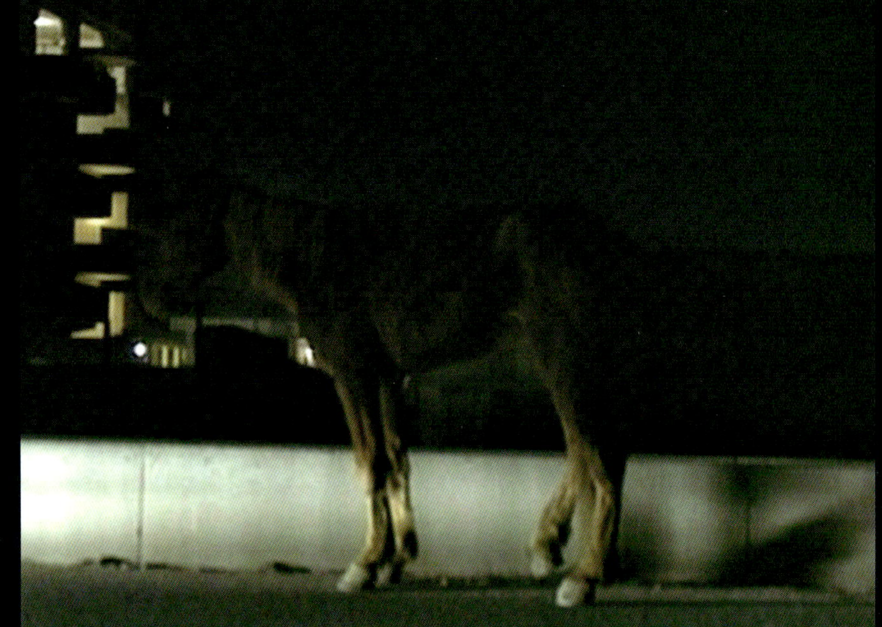

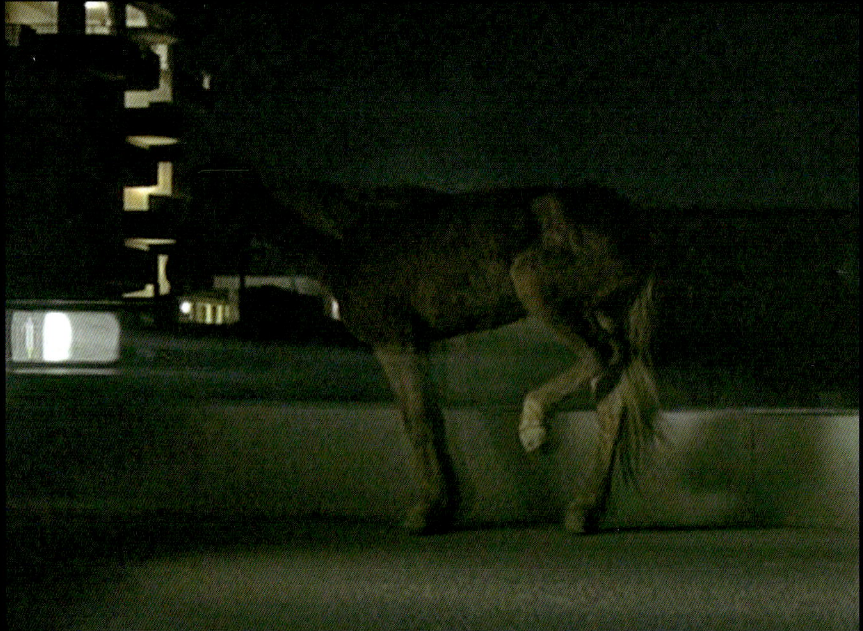

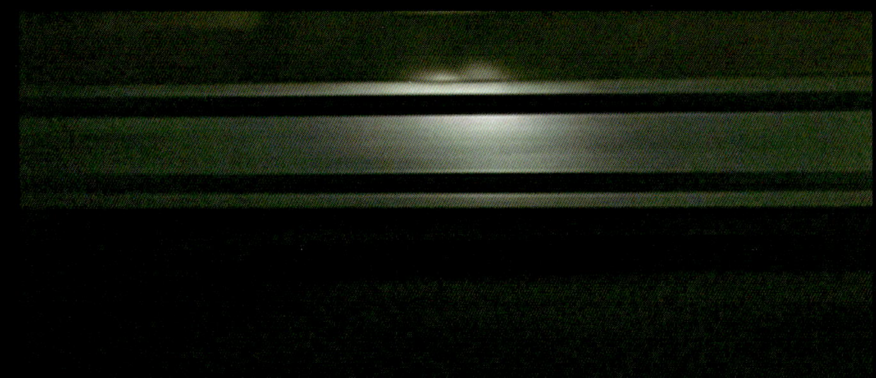

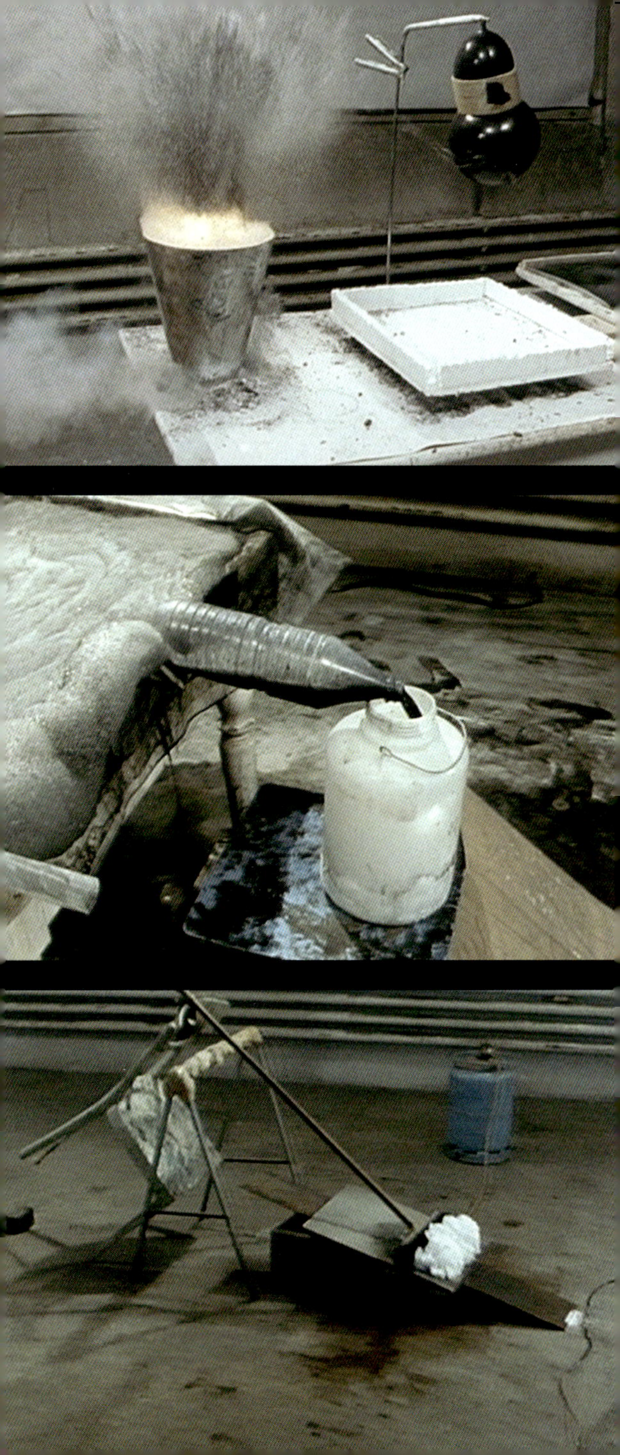

18—19

Erika Giovanna Klien
Studie zum Stiegenhaus Stokowski, 1932
© MUMOK, Museum Moderner Kunst Stiftung Ludwig Wien

Carsten Höller
Slide House Project (Riviera Beach Hotel Accra No. 1/1 17. Februar 2000), 2000
© Carsten Höller

Daniel Hafner
Carousel, 2010

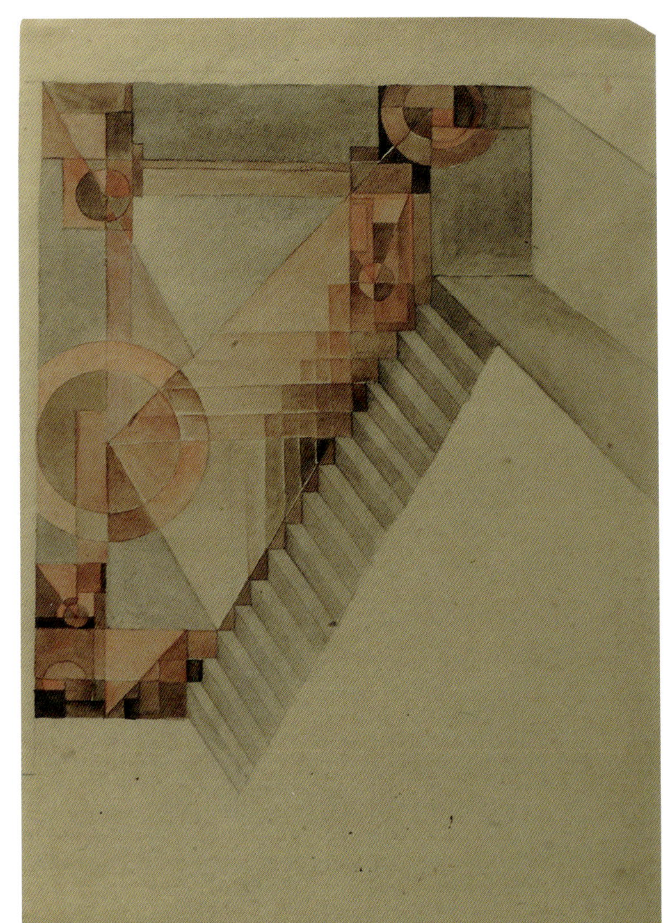

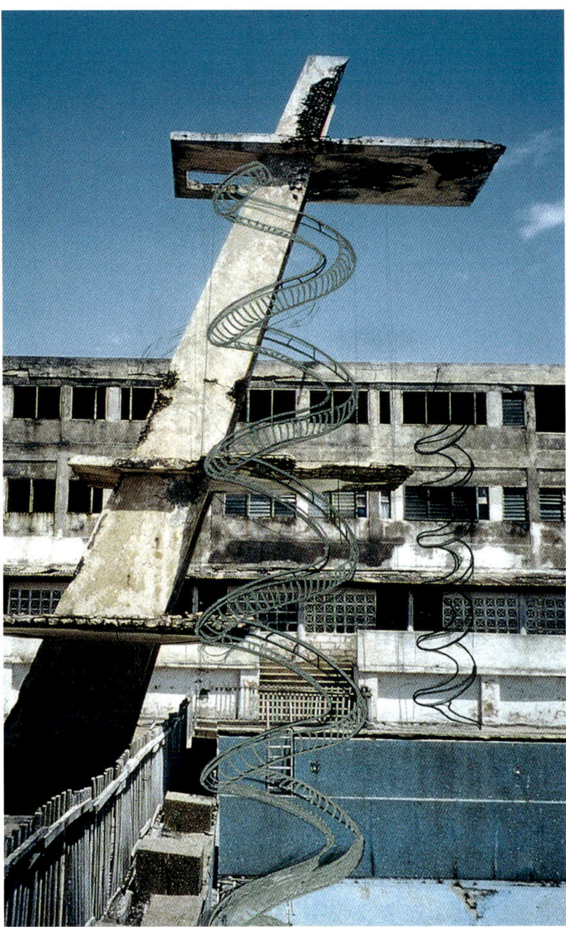

20—21

Roman Signer
Zimmer mit Weihnachtsbaum/ Room with Christmas Tree, 2010

Xavier Veilhan
Large Carriage, 2008
Amish Boccioni, 2008
Amish Vibration, 2008
Amish, 2008

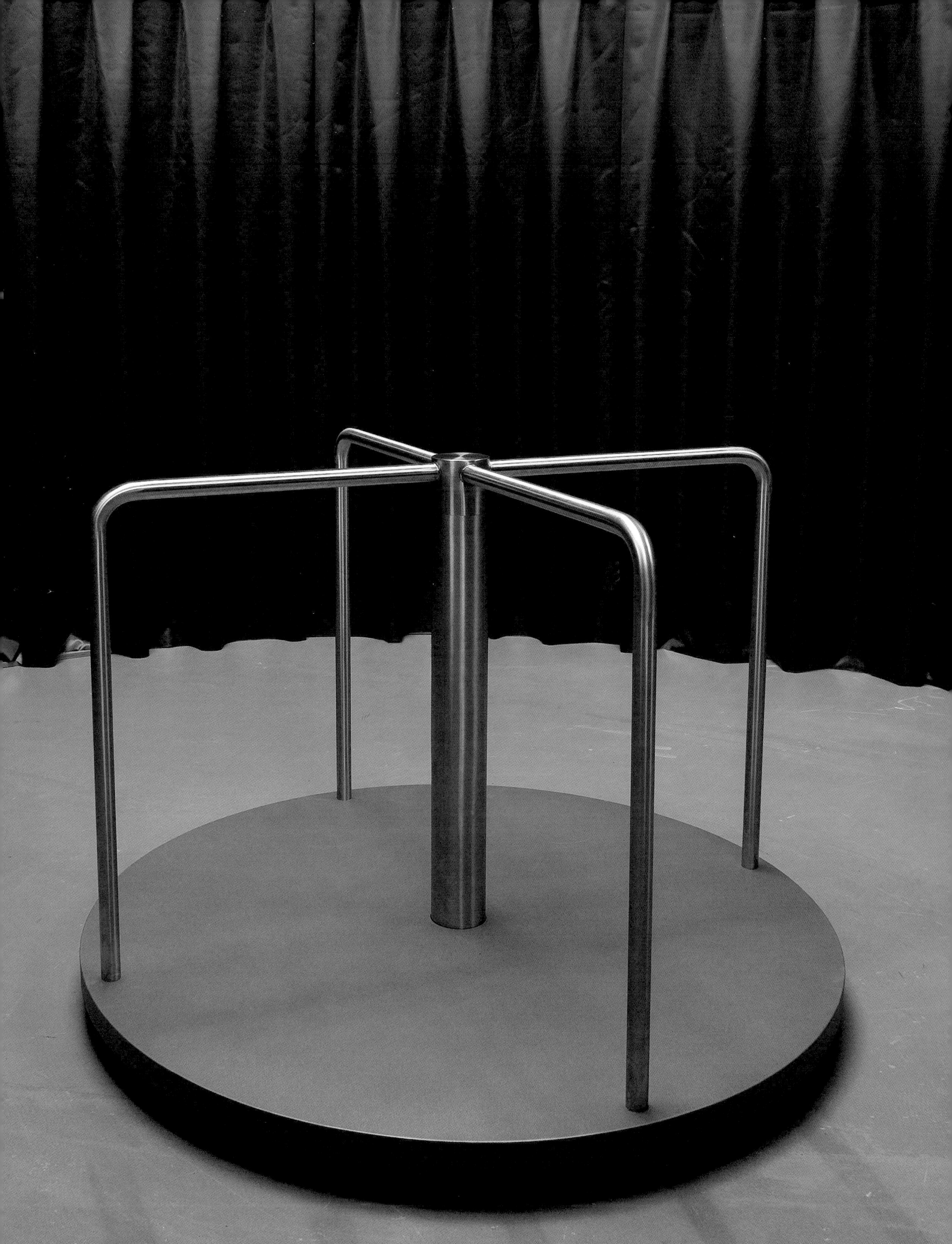

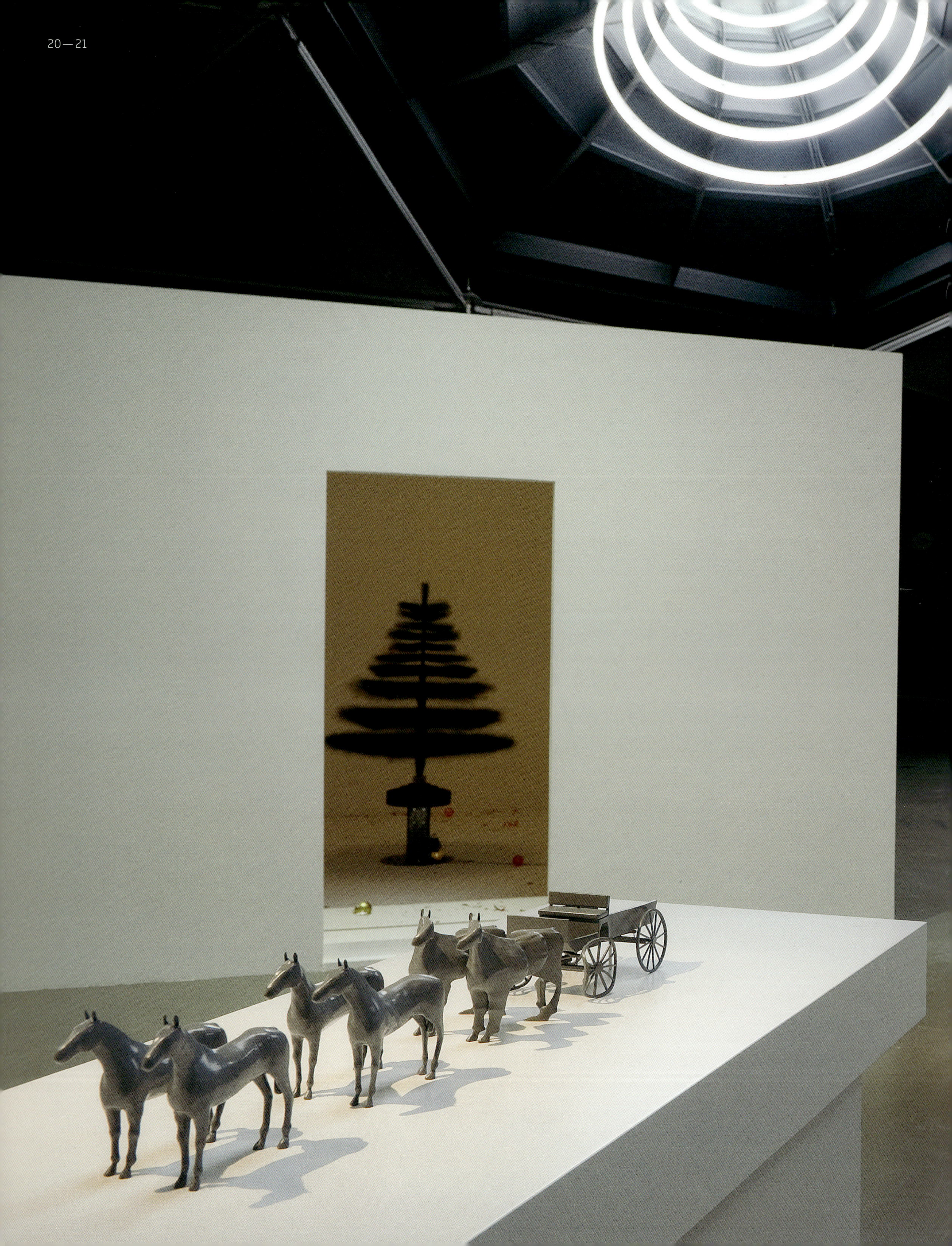

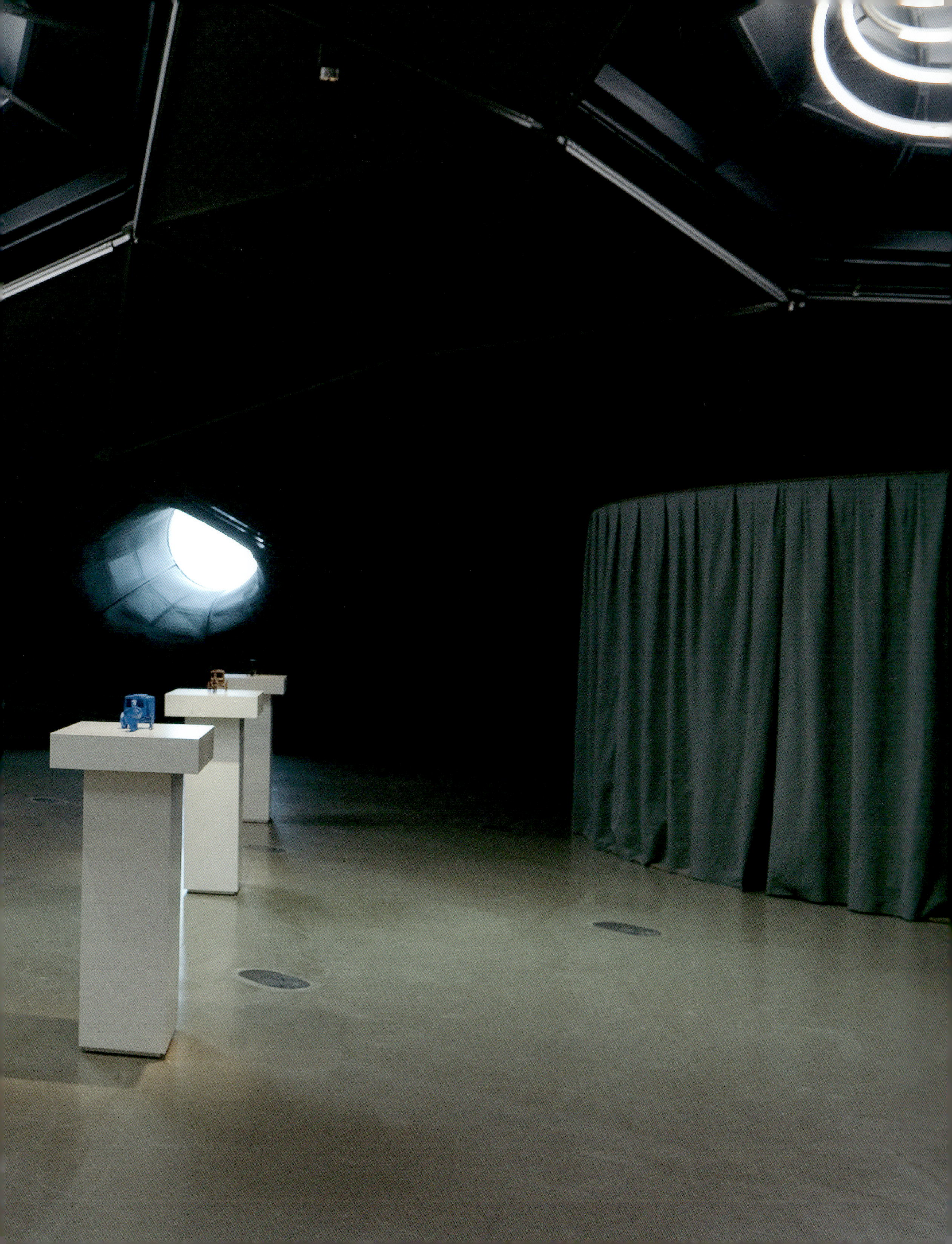

Roman Signer
Zimmer mit Weihnachtsbaum/ Room with Christmas Tree, 2010

Ernst Mach
Geschoßfotografien mit Projektilen unterschiedlicher Form und Geschwindigkeit, 1892

Inv. Foto-GLV2000/7418

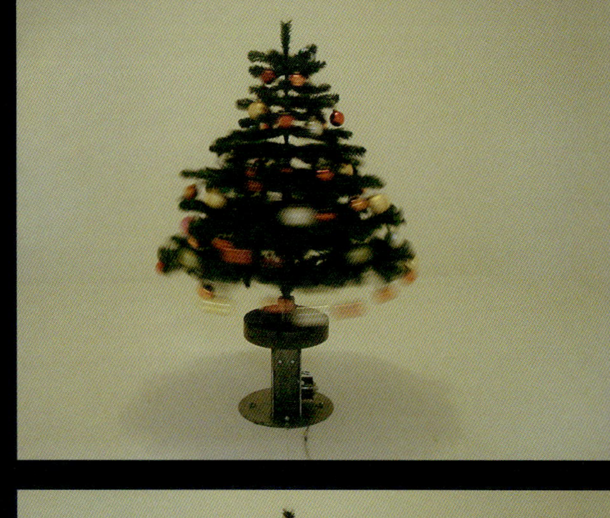

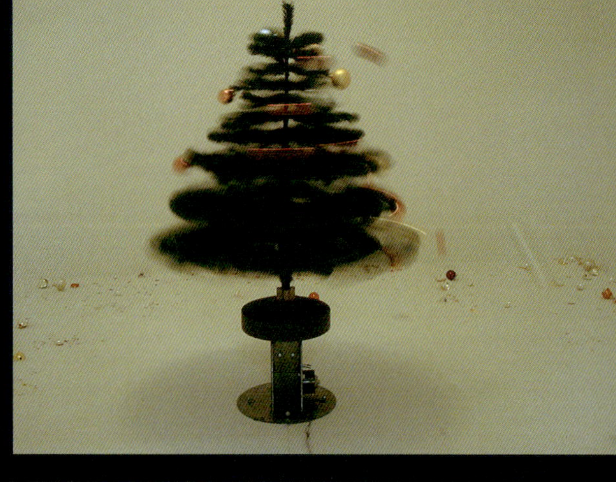

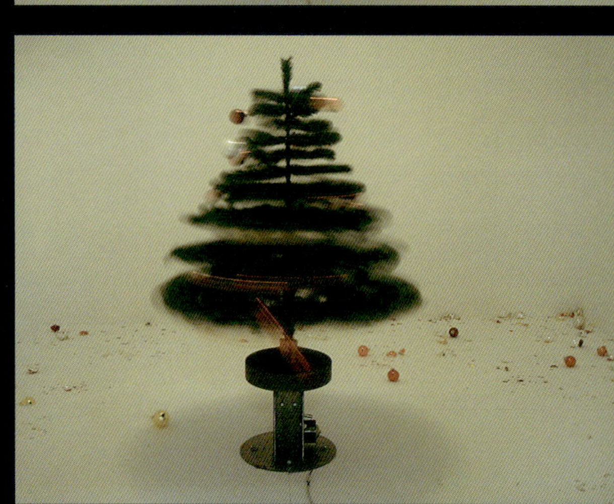

Fig. 1. Doppelt stumpfes Aluminium-Projectil. Anfangsgeschwindigkeit 974 m.

Fig 2. Hinten gespitztes Messing-Projectil. Anfangsgeschwindigkeit 420 m

Versuche mit Werndl-Gewehr.

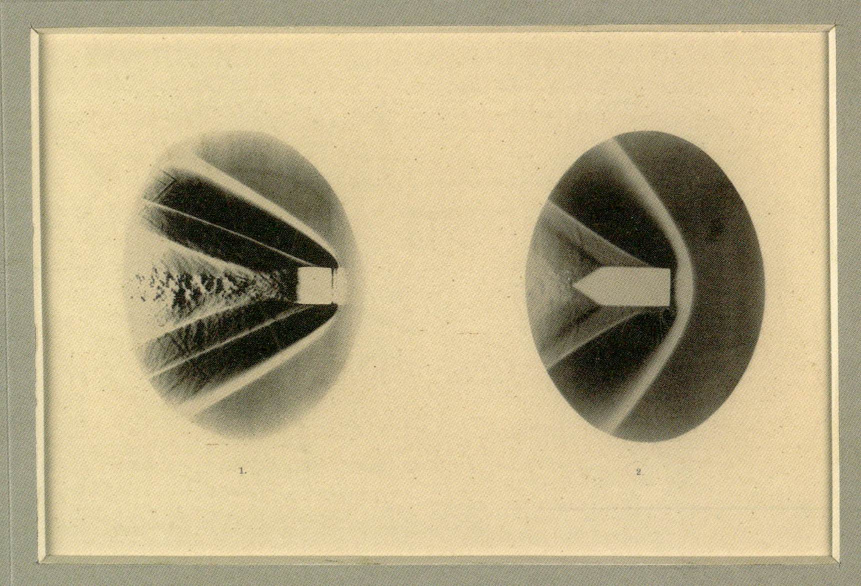

Nach einer doppelt vergrösserten Original-Aufnahme von Dr. L. Mach. 1892.

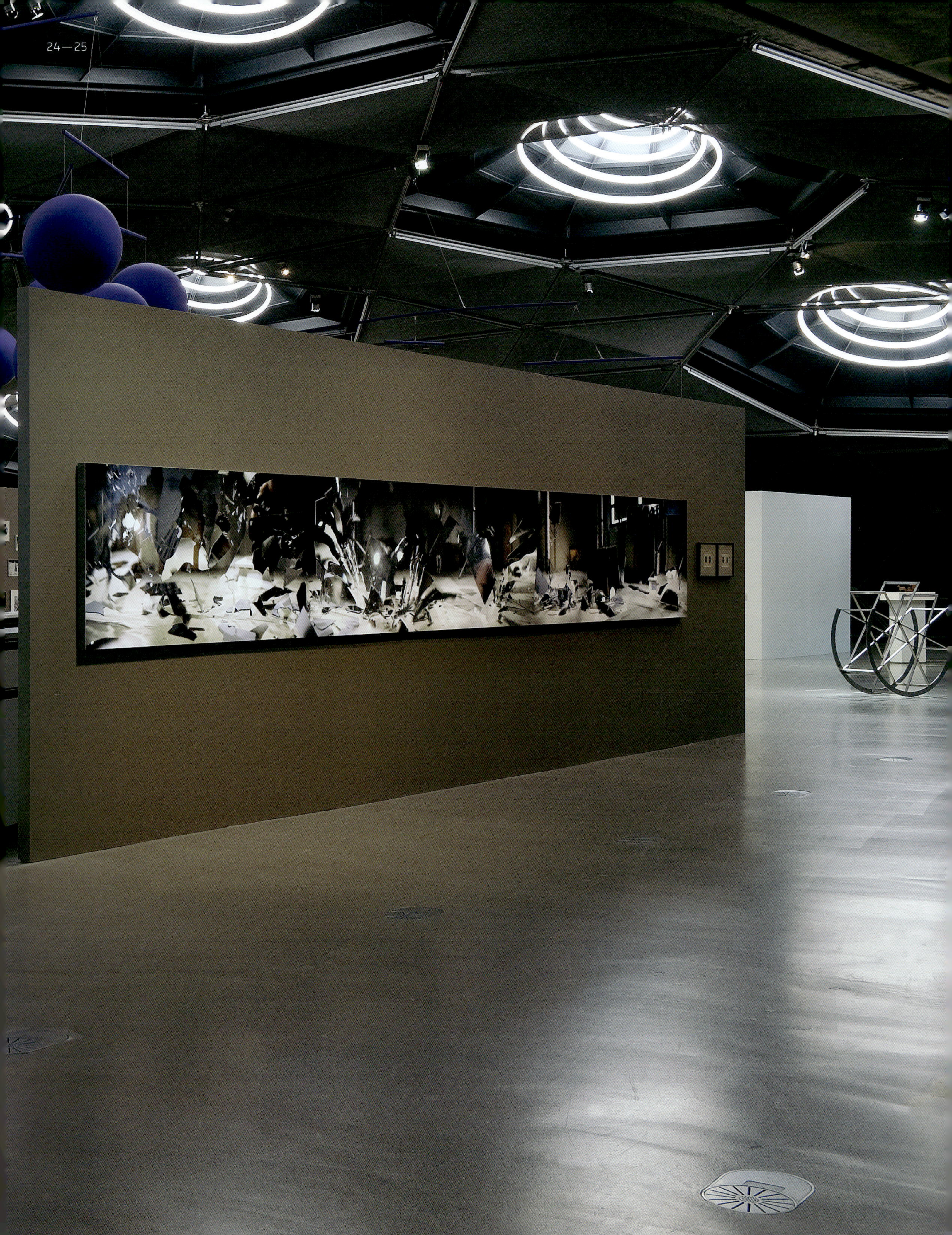

Catch Me!
Geschwindigkeit fassen

Diese Publikation erscheint anlässlich der Ausstellung **Catch Me!** Geschwindigkeit fassen

Kunsthaus Graz
Universalmuseum Joanneum
06. Februar – 25. April 2010

Kuratorin
Katrin Bucher Trantow

Herausgeber
Peter Pakesch,
Katrin Bucher Trantow

Erschienen im
Verlag der Buchhandlung
Walther König, Köln

Einleitung

Katrin Bucher Trantow,
Peter Pakesch

*Die positive Eigenschaft, die der Rakete (der dargestellten wie der wirklichen), dem Geschreibsel der Futuristen und der Raum-Stadt gemein ist, ist deren Endgültigkeit. [...] Es ist bezeichnend, dass mit diesem Material eine inspirierende Brücke vorliegt, die sowohl vierzig Jahre in die Vergangenheit als auch vierzig Jahre in die Zukunft umspannt.*1

Was Peter Cook, der Architekt des Kunsthauses Graz, in seinem Votum von 1972 ausspricht, ist ein Wunsch, an die Kraft und die Absolutheit der Moderne anzuschließen. Er ruft dazu auf, über fiktive wie auch reale Formen von unterschiedlichen Geschwindigkeitsrepräsentanten zu einer *wahrhaftig* urbanen Form zu gelangen, welche Geschwindigkeit und damit das Leben in sich trägt.

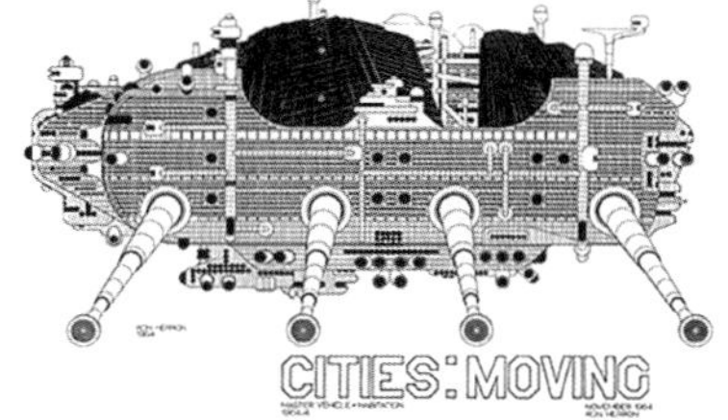

Archigram,
Walking City, 1964

Die reale Gestalt des Kunsthauses Graz, das 30 Jahre nach diesem Aufruf gebaut wurde, erinnert an vieles. An ein Raumschiff sicherlich, an ein lebendiges Organ möglicherweise. Am meisten aber, wenn man sie je gesehen hat, an die durch Film, Science-Fiction und Comic inspirierten Zeichnungen aus dem eben zitierten Essay von Peter Cook und anderen Archigram-Mitgliedern aus den 1970er Jahren zum Thema *Living City*. Diese *lebende Stadt* war ein einflussreicher, intellektueller Versuch, an Ziele der Architekten der Moderne anzuschließen und in der Entwicklung einer durch urbane Qualitäten wie Geschwindigkeit, Kommunikation und Bewegung beeinflussten Form weiterzudenken. Es galt dabei „Lebensmaschinen" zu bauen, die weniger in einer maschinell inspirierten Struktur einer Funktionszuordnung zu sehen waren, sondern mehr in den ständig sich verändernden Bedingungen des urban geprägten Lebens. Dass dieses sich insbesondere durch unterschiedliche Geschwindigkeiten auszeichnet, liegt im Wesen seiner Veränderung und wird in das Design dementsprechend mit eingebettet.

Für Archigram war Mobilität ein zentraler Faktor in der Überlegung zukünftiger Architektur, gerade auch im Kunsthaus Graz blieb sie formgebend. Einerseits in der Gewichtung einer fließenden, architektonischen Grundform, andererseits in den Details wie den fahrenden Rollbändern, und „last but not least" in der Gestalt der Ausstellungshallen, deren freie Fläche für jedes Projekt eine Neugestaltung des Raumes – gemäß Bedarf – offeriert. In diesem Sinne bleibt die Metapher der *moving* oder *living city* diejenige der ständigen Veränderung. Nach den Ausstellungen zum Thema Bewegung und Wahrnehmung in den letzten Jahren ergibt sich nun in weiterer Folge und logischer Konsequenz eine Ausstellung, die sich dieser der Architektur eingeschriebenen Bewegung in weiterer Folge annimmt und eine Stufe weiter trägt: nun, indem sie sich der Geschwindigkeit, also der Bewegung in der Zeit zuwendet.

Geschwindigkeit ist ein Phänomen, das über die Formel der Physik (v=x/t) zwar messbar, aber in der jeweiligen, höchst persönlichen Empfindung niemals gleich ist. Die Wahrnehmung spielt also in der Bewertung von Geschwindigkeit eine zentrale Rolle. Von unterschiedlicher Wahrnehmung reden wir auch, wenn wir Geschwindigkeit in ihren verschiedenen gesellschaftsprägenden Rollen betrachten. So gibt es nicht nur die evidente Geschwindigkeit der Bewegung eines Körpers, über die eigene oder eine fremde Körperkraft, wie das Auto, das Flugzeug oder das mit dem Bild der Geschwindigkeit eng verbundene Motorrad. Sondern auch jene Geschwindigkeiten, welche insbesondere die Gesellschaft des 20. Jahrhunderts bis heute geprägt haben: Allen voran rasen, durch Industrialisierung, Mechanisierung und Globalisierung gefördert, die Produktionsgeschwindigkeit, die Kommunikationsgeschwindigkeit und die Entwicklungsgeschwindigkeit des Marktes.

1 Peter Cook: *Zoom and Real Architecture*. In: Archigram 4 (1972). Wiederauflage. Princeton: Architectural Press 1999, S. 27.

Die Industriegesellschaft hat zuerst die Maschine erfunden und nach ihr das Leben modelliert. Mechanische Geschwindigkeit und rasende Beschleunigung werden zur Fessel des Lebens. Wir sind alle von einem Virus befallen: „Fast Life!“ Unsere Lebensformen sind umgestürzt, unser häusliches Dasein betroffen – nichts kann sich der „Fastfood-Bewegung“ entziehen. Aber der Homo sapiens muss sich von einer ihn vernichtenden Beschleunigung befreien und zu einer ihm gemäßen Lebensführung zurückkehren.[2]

Immer wieder hat im Lauf der Geschichte die ältere Generation die Beschleunigung der jüngeren als Gefahr erkannt, hat vor einer Über-Beschleunigung gewarnt und gemäß dem Sinnspruch „Festina lente“ zu mehr Gemächlichkeit in der Eile geraten.[3] Nichts Neues sind die heute so alltäglichen Aufforderungen von Lebensberaterinnen und Therapeuten, das Leben gemächlich anzugehen und sich für seine eigene Lebensgestaltung Zeit zu nehmen und Geschwindigkeit dort zu nutzen, wo sie für den Wert des Lebens wichtig ist. Gerade durch diesen vermehrt auftretenden Ruf nach Entschleunigung ist die Beschäftigung mit Geschwindigkeit in jüngerer Zeit wieder in den Blickpunkt getreten. Sie wird als Metapher für die Entwicklung und die Triebfeder des Lebens selbst sowie für verdichtete Situationen voller Energie, Kreativität und Tatendrang kritisch befragt und ebenso, an den Enthusiasmus der Moderne anknüpfend, geradezu enthusiastisch gefeiert. In den Artikeln des Kataloges wird Geschwindigkeit aus unterschiedlichen Perspektiven beleuchtet. In *Auf der Stelle laufen* deckt die slowenische Philosophin und Soziologin Renata Salecl die Bedeutung der Angst – insbesondere auch die Angst vor dem Ende – als Triebfeder eines Geschwindigkeitsstrebens auf und zeigt, dass Geschwindigkeit, ob langsam oder schnell, uns auf jeden Fall sterben lässt. Andreas Broeckmann wendet seinen Blick in einem konzentrierten Artikel zurück und zeigt anhand einiger Beispiele aus der Film- und Kunstgeschichte nicht nur das Jahrhundert der Geschwindigkeit, das mit den Futuristen seinen offiziellen Startschuss erlebt, sondern auch ein Jahrhundert der Geschwindigkeits*kritik* auf. In *Ein Fußabdruck im Schlamm* ist menschliche Bewegung eine existenzielle Bedingung. Mobilität, Wachstum und Beschleunigung werden damit als Motor wie auch – unter dem Einfluss der Überlegungen der Klimakonferenzen von Kioto bis Kopenhagen – als immanente und ungelöste Bedrohung des heutigen menschlichen Lebens erfahren. Diese Dialektik der Geschwindigkeit als Bedrohung und Antrieb bestimmt auch den Artikel *Schnell, mutig und kühn*, in dem die Kuratorin die Arbeiten der Ausstellung in ihren situativen und historischen Kontext einbettet und dabei ein zeitgenössisches Erbe der Moderne aufdeckt, das nicht nur in den Legaten der Architektur, der Literatur und des Films festzumachen ist, sondern – vergleichbar mit Cooks Aufforderung von 1972 – die Frage nach neuen Visionen zu stellen wagt.

In diesem Sinne thematisiert die Ausstellung das Phänomen der Geschwindigkeit in ihren unterschiedlichen Facetten und ist auch als Ergänzung und Contrapunkt zu Tatiana Trouvés Einzelausstellung im Space02 zu lesen, in der ein Zustand stillgehaltener Zeit in Szene gesetzt wird. Neue, für den Raum und das Thema geschaffene Arbeiten wie jene von Roman Signer, Christian Eisenberger, Markus Wilfling oder Lisi Raskin stehen dabei im Zusammenhang mit älteren, teilweise neu adaptierten Werken von Xavier Veilhan, Carsten Höller, Aleksandra Mir, Ed Ruscha oder Anri Sala und verweisen mit einzelnen Blickpunkten auf Erika Giovanna Klien, Wilhelm Rösler oder Stella Weissenberg auf den Anfang der Moderne Österreichs und dabei auf eine Stimmung des Aufbruchs und einer von Dynamik und Wandel geprägten Zeit. Die Ausstellung behandelt dabei unterschiedliche Medien von Malerei, Skulptur, Ton- und Rauminstallation bis hin zur performativen Arbeit von Bewegung im Raum. Sie beinhaltet außerdem eine kleine Biblio- und Mediathek rund um das Thema und wird

2 Falco Portinari: *Slow Food Manifesto*. 9. November 1989. http://slowfood.com

3 Die Beispiele reichen von Hartmut Rosa – vgl. *Muße braucht Zeit*. In: Die Zeit, Nr. 1 (30. Dezember 2009), S. 35 – bis zurück zum Humanisten Erasmus, der sich in seinen *Adagia* über *übereilige* Drucker beschwert, die den Buchdruck ohne künstlerisches Verständnis und erforderliche Präzision betreiben, sodass das junge Gewerbe bei einer solchen Weiterentwicklung mit der Menge an Unbrauchbarem das Brauchbare ersticke (Venedig, 1508 (!)).

Xavier Veilhan, *Le Carrosse/ The Large Carriage*, 2009 Installationsansicht: *VEILHAN VERSAILLES*, Schloss Versailles, 2009

Stella Weissenberg, *Straßengeräusch*, um 1918

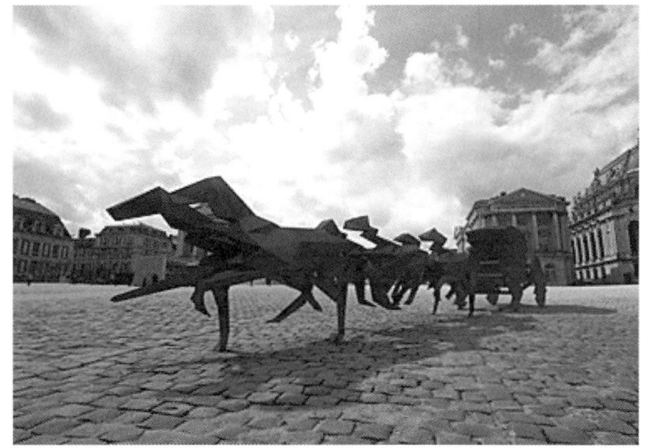

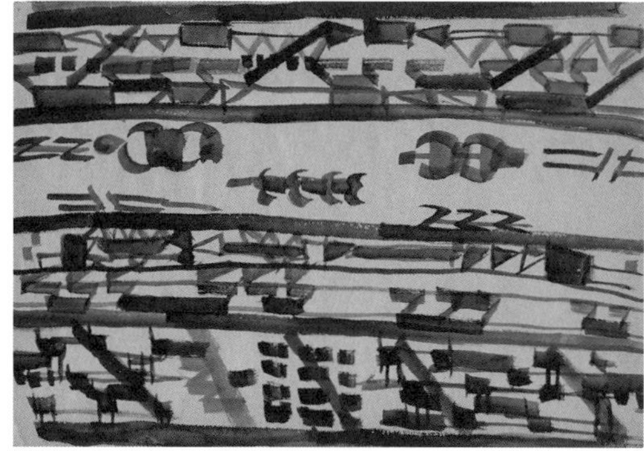

während der Eröffnung und der Finissage zum Spielfeld dreier performativer Arbeiten von Lisi Raskin, Markus Wilfling und der Tanzperformance-Gruppe les gens d'Uterpan.

Die Ausstellung ist als Gang durch die Bedingungen und Chancen der Geschwindigkeit angelegt, als fließende Bewegung im Raum. Geschwindigkeit als gerichtete Kraft in der Zeit wird damit zum logischen Libretto der Gestaltung und führt assoziativ von einem Werk zum anderen, von schnell zu langsam, von langsam zu schnell. Dabei steht persönliche Erfahrung von Geschwindigkeit für die vielfache Beschleunigung des Alltags und zeigt sich auch im Verhältnis zu einem konstruierten Bild. Die Arbeiten von *Catch Me!* befassen sich sowohl kritisch wie auch ironisch mit der Lust auf Geschwindigkeit, die sich als das Verlangen deuten lässt, einerseits einen hochkonzentrierten Augenblick – im Sinne der Deleuze'schen Immanenz – mit allen Sinnen zu erleben und in voller Blüte zu erfassen, andererseits auch intellektuell zu verstehen, zu domestizieren und physisch zu beherrschen. Die richtige Geschwindigkeit zu finden scheint die Aufgabe dieser Generation und die Beschäftigung damit ist und bleibt Selbstreflexion in einer mobilen, sich wandelnden Welt.

Ein Fußabdruck im Schlamm

Anmerkungen zur Geschwindigkeitskultur im 20. Jahrhundert

Andreas Broeckmann

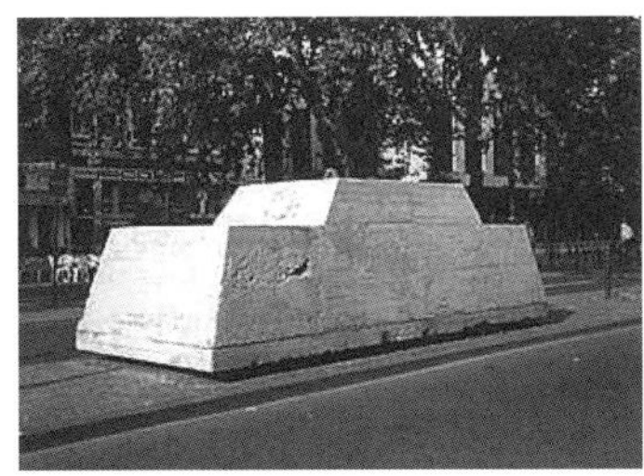

Wolf Vostell,
Ruhender Verkehr, 1969
Aktionsplastik; Betonierung
eines Opel Kapitän L;
heute auf dem Hohenzollernring
in Köln

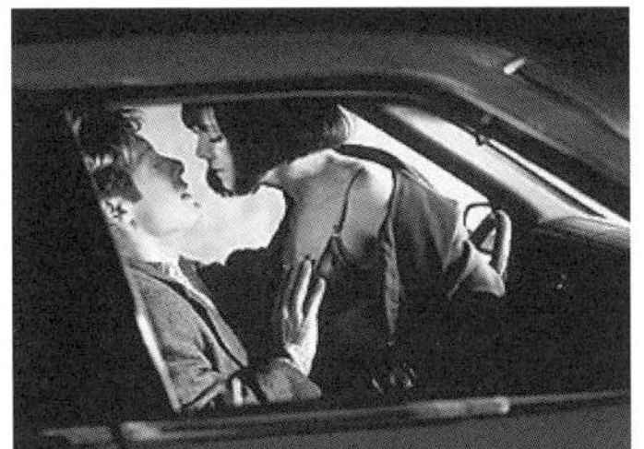

David Cronenberg,
Crash, 1996 (Filmstill, Detail)

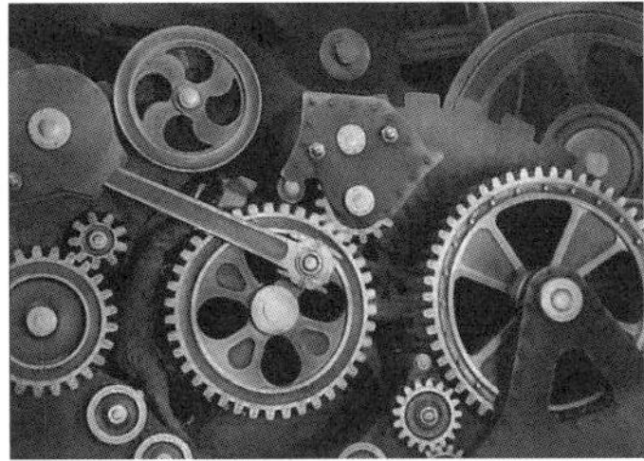

Charlie Chaplin,
Modern Times, 1936 (Filmstill)

Der moderne Kult von Maschinen und Geschwindigkeit beginnt mit einem Unfall. Noch bevor Filippo T. Marinetti in der Zeitungsveröffentlichung vom Februar 1909 das erste Futuristische Manifest in die Welt schleuderte, beschrieb er in dessen Einleitung eine schwindelerregende Autofahrt, die nach einem Ausweichmanöver – ausgerechnet zur Rettung zweier Radfahrer – im Straßengraben endet. Doch nicht als Niederlage erlebt Marinetti diesen Sturz: Vielmehr schenkt er dem Fahrer im Graben eine beglückende Begegnung mit den stinkenden, öligen Fabrikabwässern, die die Verschmelzung von Mensch und Maschine erst komplett machen. Während Einsteins Relativitätstheorie und ihre Ableitungen zur Lichtgeschwindigkeit das Verhältnis von Raum, Zeit und Wahrnehmung neu definieren, erklärt Marinetti *Raum und Zeit* gleich für *tot* und begrüßt eine Kultur, die *nun endlich* die Schönheit eines Rennwagens über die einer klassisch-griechischen Skulptur stellen darf.

Ob als technisch-wissenschaftlicher Fortschritt, als ökonomisches Wachstum, als Bewegung im Raum oder als erhöhte Produktionsfrequenz: Beschleunigung gilt als die eigentliche Bewegungsform der Moderne. Die Faszination für die Technologie geht oftmals zusammen mit einer Lust an Geschwindigkeit, Kontrollverlust *und* Zerstörung – ein Begehren nach der Erhabenheit von absoluter Beschleunigung und Tod. Im Alltag – auch im Alltag der Gegenwartskunst – paart sich nach dem Zweiten Weltkrieg der populäre Topos einer beschleunigten Mobilität mit der Erfahrung von automobiler Überfüllung und Stau. Und so werden die 1960er in Europa nicht nur Jahre des rollenden, sondern auch des verhinderten und des stehenden Autoverkehrs: ob in den *Car Crashes* der *Death and Disaster*-Serie von Andy Warhol, in den Autoschrott-Skulpturen von César Baldaccini und John Chamberlain, in dem einbetonierten Opel, den Wolf Vostell 1969 unter dem Titel *Ruhender Verkehr* präsentierte, oder in David Cronenbergs Film *Crash*. Derselbe *neue Realismus* stellt mit den „Brushstroke"-Bildern von Roy Lichtenstein das modernistische Geschwindigkeitspathos des impulsiven Malens von Jackson Pollocks und Georges Mathieus Abstraktem Expressionismus infrage und versuchte, worum sich die Kunst im Industriezeitalter immer wieder bemüht, nämlich die Wiederaneignung einer „entfremdeten" (oder enteigneten) Erfahrung von Raum und Zeit.

Während in der Landwirtschaft des 20. Jahrhunderts eine Verbesserung der Produktivität vor allem durch Ausweitung der Flächen und Erhöhung der Erträge, kaum aber durch eine Beschleunigung der Produktionsgeschwindigkeit, also der natürlichen Wachstumsprozesse zu erzielen ist, werden in der Industrieproduktion einzelne Verarbeitungsschritte immer weiter optimiert. Den Vorstellungen einer Armee von Robotern und übermächtiger Maschinerien, wie sie von Charlie Chaplin im Film *Modern Times* gestaltet wurde, schicken Maschinenkünstler wie Jean Tinguely eine Armee dysfunktionaler Apparate und kinetischer Skulpturen entgegen, die unbeholfen und zögerlich, dann wieder in unkontrollierter Hast und Selbstzerstörung und stets verschwenderisch ihre eigene Unproduktivität feiern.

Der moderne Krieg – auf den Tinguely reagiert – stellt höchste Anforderungen an Bewegungs-, Produktions- und Prozessgeschwindigkeit und wird, mehr noch als die Raumfahrt oder die Digitale Revolution, als Inbegriff eines umfassenden Geschwindigkeitsbildes im 20. Jahrhundert gelten müssen, von Bomberflotten und Panzerverbänden im *Blitzkrieg* bis hin zu ferngelenkten Raketen und Drohnen. Wichtige Beweggründe für die Entwicklung des Computers – und damit Ahnen der digitalen Kultur – waren die schnelle Decodierung feindlicher Geheimverschlüsselungen durch eine rasche und maschinengestützte Bearbeitung großer Datenmengen und die Berechnung der Flugbahnen von Raketen und Bomben. Zentral wird hier das Konzept

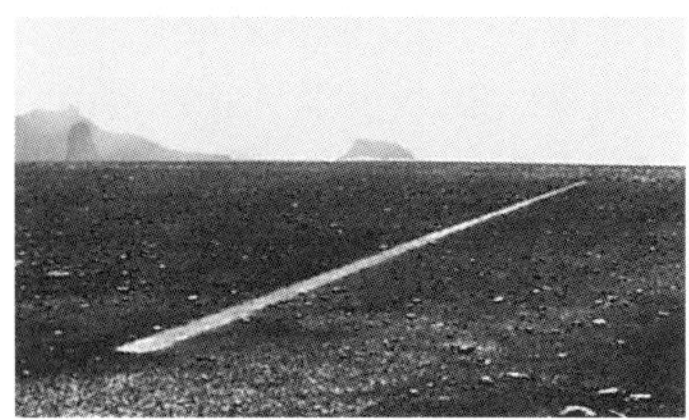

Richard Long,
Dusty Boots Line, The Sahara, 1988

der *Echtzeit*, das in der Informatik das Gegenteil des „echten Zeitablaufs" bezeichnet, nämlich die notwendige *Simulation von Synchronizität* bei eigentlich asynchron verlaufenden Prozessen. Seit Mitte des 20. Jahrhunderts bemüht sich die Kybernetik, Vorgänge operationalisierbar zu machen und sie der Logik der Prozessierung zu unterwerfen. Der Zeitfaktor, die unterschiedlichen Geschwindigkeiten, spielt in allen kybernetischen Maschinen fortan eine entscheidende Rolle. Kein Wunder, dass die *Echtzeit* zahlreicher künstlerischer Werke der Nachkriegsjahrzehnte eine radikal natürliche *Dauer* bezeichnet: ob in den Wanderungen von Richard Long, den Datumstafeln von On Kawara oder dem gezielten Einsatz vergänglicher organischer Materialien im Werk von Dieter Roth. Ikone dieser Kunst der Gleichzeitigkeit ist John Cages *4'33"*, in dem die akustischen Ereignisse im definierten Zeitraum das Stück selbst ausmachen.

Taktung, Frequenz und Synchronisierung werden zu Schlüsselbegriffen auch der Bildkünste des 20. Jahrhunderts. In der Fotografie ist die *Verschlussgeschwindigkeit* wichtiges Gestaltungsmittel für so unterschiedliche Arbeiten wie die einflussreichen Mehrfachbelichtungen von Étienne-Jules Marey, die Langzeitbelichtungen von Hiroshi Sugimoto oder die extremen Kurzzeitaufnahmen von Harold Edgerton. In der Cinematografie gewährleistet der Standard von *24 Bildern pro Sekunde* eine nur für das menschliche Auge „wahrhaftig" kontinuierliche Abbildung der Wirklichkeit, während die damit einhergehende Notwendigkeit der Segmentierung und Rekomposition zeitlicher Abläufe die Relativität des Zeitempfindens selber in den Vordergrund rückt, denn auch die Aufführung des Films muss in der exakt gleichen Geschwindigkeit der Bilderfolge stattfinden, um den Eindruck natürlicher Bewegungen zu erwecken.

Dabei wird zu selten unterschieden zwischen *Geschwindigkeit* (als neutraler Beschreibungsgröße einer Bewegung oder Frequenz) und *Beschleunigung* (als zunehmender Geschwindigkeit) und gleichfalls zu selten zur Kenntnis genommen, dass manche Vorgänge *verlangsamt* werden bzw. dass die Beschleunigung des einen Vorgangs durch eine Verlangsamung des anderen erkauft wird – man denke z.B. an die Transit- und Wartezeiten in internationalen Flughäfen. Für ein kritisches Verständnis der Geschwindigkeitskultur wäre es bisweilen nützlich, strenger zwischen verschiedenen Geschwindigkeiten und zwischen verschiedenen Formen der Bewegung, Darstellung und Wahrnehmung zu unterscheiden. So ist beispielsweise durch das Mobiltelefon nicht das Telefonieren schneller geworden, sondern die zeitliche Verfügbarkeit der Gesprächspartner füreinander hat sich ausgeweitet. Die stetige *Beschleunigung* der Rechenleistung wird vom Computernutzer meist nur als zeitweilige *Verkürzung von Wartezeiten* erlebt, die ebenso periodisch wieder länger werden, wie die Übertragungsgeschwindigkeiten der Kommunikationsnetze durch neue Anwendungen, Angebote und Sicherheitsbedürfnisse wieder reduziert werden – trotz kontinuierlicher Erhöhung der Bandbreiten. Der postmoderne Konsum macht es möglich, sich modernistische *Beschleunigung* zu kaufen – eine Ersatzmodernität, deren Maschinen der Geschwindigkeit vor allem Maschinen der konsumistischen Frustration sind, die nicht zum Aufbruch in ein besseres Leben, sondern nur zum nächsten Upgrade anstacheln wollen. Wie die akustische Illusion des endlos aufsteigenden Tones der Shepard-Skala oder, in der digitalen Weiterentwicklung von Jan-Peter E.R. Sonntag, als Illusion eines unendlich „fallenden" Rauschens, so ist der postmoderne Geschwindigkeitsrausch vor allem *Einbildung* und um sich selbst kreisende *Stasis*.

In einer scharfen Kritik der jüngeren Neubestimmung des Geschwindigkeitsbegriffs, die sich nicht mehr am Primat der Beschleunigung (*schneller ist besser*) orientiert, sondern eine *angemessene* Geschwindigkeit für alle Formen und Prozesse sucht, verweist Ivan Illich auf die Vielfalt natürlicher und gesellschaftlicher Phänomene, die *nicht*

Bibliografische Hinweise

Mark Dery: *„An Extremely Complicated Phenomenon of a Brief Duration Ending in Destruction": the 20th Century as Slow-Motion Car Crash*. In: *TechnoMorphica*. Rotterdam: V2_Organisation 1997.

Sigfried Giedion: *Die Herrschaft der Mechanisierung*. Frankfurt/M.: Europäische Verlagsanstalt 1984.

Ivan Illich, Matthias Rieger, Sebastian Trapp: *Speed? What Speed?* In: Jeremy Millar, Michiel Schwarz (Hg.): *Speed – Visions of an Accelerated Age*. London/Amsterdam 1998.

Peter Sloterdijk: *Eurotaoismus. Zur Kritik der politischen Kinetik*. Frankfurt/M.: Suhrkamp 1989.

Tiqqun: *Kybernetik und Revolte*. Zürich/Berlin: Diaphanes 2007.

Paul Virilio: *Geschwindigkeit und Politik: ein Essay zur Dromologie*. Berlin: Merve 1980.

Paul Virilio: *Surfing the Accident*. In: Joke Brouwer et al.: *The Art of the Accident*. Rotterdam: V2_Organisation/NAi Publishers 1998.

Peter Weibel: *Die Beschleunigung der Bilder. In der Chronokratie*. Bern: Benteli 1987.

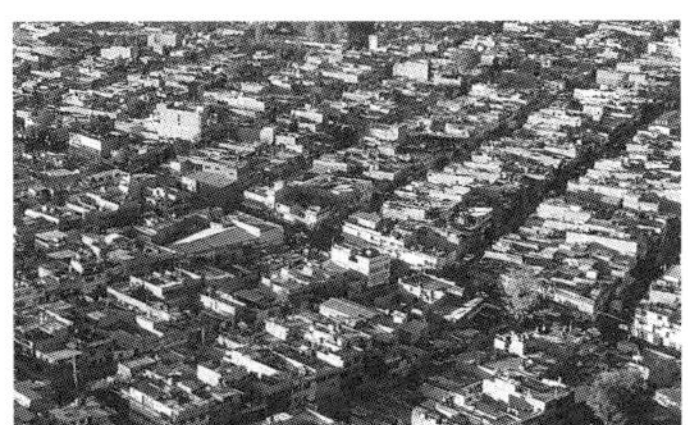

Mexiko-Stadt

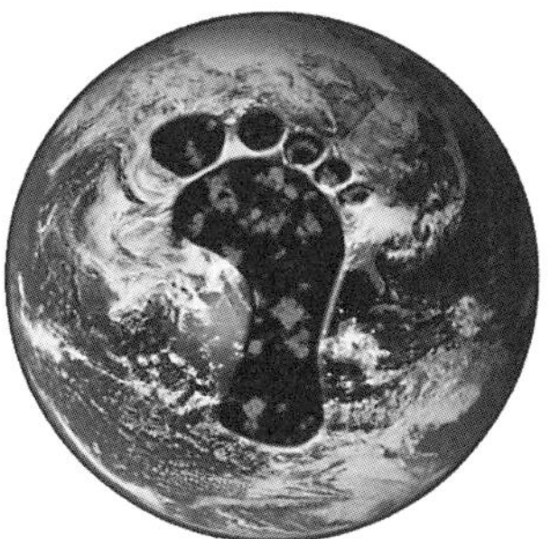

Carbon Footprint

unter das Diktat von Geschwindigkeit und Taktung passen. Wie Marinetti beobachtet Illich die Macht der maschinengestützten Geschwindigkeit zur Entkörperlichung, zur Überwindung der Schwerkraft und Enthebung des Körpers aus dem Kontinuum der Natur. So ist die *Beschwörung der Beschleunigung* Chiffre für eine *Biopolitik*, die von den Disziplinierungsmethoden des 18. Jahrhunderts über die tayloristische Ergonomik bis hin zum „ubiquitous computing" die vollständige Einschreibung aller Lebensvorgänge in eine kybernetische Taktung anstrebt und die kontinuierliche Verfeinerung dieser Struktur zum Ziel hat. Die *Widerständigkeit* einer Kunst, die sich mit der Beschleunigung auseinandersetzt, bemisst sich daran, wie effektiv diese Strukturierungen und die Disziplinierung durch Zeit-Regime durchkreuzt werden.

Jede Art der Beschleunigung war für die Imaginationen des 20. Jahrhunderts noch von größter Bedeutung, ob als Geschwindigkeitsrekorde von Automobilen und Zügen, die Überwindung der Schallgeschwindigkeit durch ein Verkehrsflugzeug oder die Dekodierung des menschlichen Genoms. Jetzt verblüfft nur noch die seit fünf Jahrzehnten anhaltende, stetige Erhöhung der Rechenleistung in Computern – auch diese fast langweilig, weil berechenbar durch das Moore'sche Gesetz, dessen Gültigkeit, nach Moores eigener Schätzung, in den 2020er Jahren zu Ende gehen wird. Der Glaube dagegen an die Nachhaltigkeit des ökonomischen Wachstums im Kapitalismus, von Peter Sloterdijks *Kritik der politischen Kinetik* schon Ende der 1980er Jahre unter die Lupe genommen, schwindet spätestens seit der Einsicht, dass dieses Wachstum sich proportional zur Zerstörung der Umwelt und der natürlichen Lebensgrundlagen des Menschen auf der Erde verhält. Während der Inbegriff gesellschaftlicher Beschleunigungsprozesse noch vor wenigen Jahren das Wuchern der Mega-Citys und ihrer Slums war, überstrahlt nun das Menetekel der *beschleunigten* Klimaerwärmung mit ihren Monumentalskulpturen schmelzender Eisberge und Gletscher alle politischen Bilddiskurse. Als romantisches Bild der Verlangsamung im Nachklang der Moderne steht (antropomorph) der „Carbon Footprint" und verheißt (atavistisch) die *Schrittgeschwindigkeit* als Maß nicht der Beschleunigung, sondern des Überlebens im 21. Jahrhundert.

Auf der Stelle laufen

Renata Salecl

Wenn sich die Menschen heutzutage begrüßen und ihr höfliches „Wie geht es Ihnen?" produzieren, bekommen sie fast automatisch ein „Bin im Stress" oder „Sehr viel zu tun" zur Antwort. Nicht viel zu tun zu haben impliziert, dass die Person ein Versager ist und nichts Wichtiges zu tun hat. Sogar sehr reiche Menschen, die es sich leisten könnten, den ganzen Tag am Strand zu liegen, müssen viel zu tun haben. Sie müssen ihre Zeit mit Aktivitäten vollpacken, mit Sozialisieren, mit Reisen an entlegene Orte, und sie müssen selbstverständlich einkaufen gehen. Wenn wir unter Leute gehen, müssen wir so viele Leute auf einmal treffen wie nur möglich – um keine Zeit zu verschwenden. Wenn wir mit Kindern zu tun haben, müssen wir multitasken – etwa in einer Fremdsprache mit ihnen reden, turnen oder sie in klassischer Musik unterrichten, sodass unsere Zeit mit ihnen so produktiv wie möglich verwendet wird. Sogar wenn wir uns auf romantische Pirsch einlassen, muss alles schnell gehen. Ein Wechseln der Partner scheint sich eher schnell zu vollziehen heutzutage, und das Suchen nach neuen sogar noch schneller. Der Erfolg von „Speed-dating" belegt diese neue Mode. Wenn es schon zu viel verlangt ist, für diese Tätigkeit Zeit zu finden, ist die Lösung erneut Multitasking. Das französisch-britische Unternehmen L'atelier des Chefs verstand dieses Bedürfnis, in puncto Daten so schnell wie möglich zu sein und gleichzeitig dabei etwas zu lernen. Und so beschlossen sie, Mittagspausen-Kochkurse anzubieten, in denen sich Singles während des Kochens treffen, das Gericht schnell miteinander essen und dann zurück in ihre Büros hasten können.

Wohin hasten wir so sehr? Ich erinnere mich, dass, als ein Freund von mir überlegte, seinen Sohn ein Jahr früher als in seinem Land üblich einzuschulen, sich ein anderer Freund wunderte, wozu all diese Eile gut sei, und der ironische Schluss, den er zog, war, dass früher zur Schule zu gehen dem kleinen Jungen vielleicht helfen wird, früher in Pension zu gehen. Diese Bemerkung berührt die Tatsache, dass Geschwindigkeit in bestimmter Weise mit Sterblichkeit verbunden ist. Oft glauben wir, dass uns Geschwindigkeit hilft, vom Tod wegzulaufen. In Wirklichkeit aber ist es gerade umgekehrt – sie bringt uns ihm näher. Sogar der einfache Akt des Laufens kann zweischneidig sein. Einerseits trainieren wir angestrengt, damit wir unser Leben verlängern. Andererseits kann der Stress, dem wir unseren Körper aussetzen, leicht zu einem frühen Tod führen.

In der heutigen Gesellschaft hat sich die Wahrnehmung von Zeit und Geschwindigkeit verändert. Gleichzeitig können wir eine Veränderung bezüglich unserer Wahrnehmung von Sterblichkeit beobachten. Immer mehr sieht es so aus, als liefen wir auf der Stelle und dass es bei Geschwindigkeit nicht darum geht, Veränderungen vorzunehmen, woanders hinzukommen, neue Dimensionen zu erforschen, sondern um die Verlängerung dessen, was hier und jetzt ist, in die Ewigkeit.

Die heutige Gesellschaft zieht großen Gewinn aus der Möglichkeit, das Leben zu verlängern, die Unterschiede zwischen den Generationen niederzureißen und ein Bild ewiger Jugend zu kreieren. Gemeinsam mit dieser Sehnsucht nach Lebensverlängerung können wir ein spezielles Leugnen der Zeit beobachten. Es ist vor allem in der Bewegung des sogenannten Immortalismus präsent. In ihrem Manifest verlangt diese Bewegung, die Gesellschaften sollen ihre äußersten Energien darauf verwenden, Krankheiten, Alter und auch den Tod zu verhindern. Sie weisen die Ideologie des Todes zurück, die ja fordert, dass sich die Menschen damit abfinden müssen, dass das Leben endlich und Altern lediglich ein natürlicher Lebensprozess ist. Immortalisten sagen daher: „Am Anfang war der Traum. Die Überwindung von Krankheit, Alter und Tod. Die Erlangung des Elixiers der Jugend. Der Beginn physischer Unsterblichkeit. Dieser Traum wird bald wahr werden."[1] Solche Bewegungen, die versuchen herauszufinden, wie man das Leben verlängern

1 http://immortalism.com/ (22.12.2009)

2 Ibid.

könnte, malen sich oft Wege aus, einen menschlichen Körper zu erschaffen. Letzterer wird nicht als etwas von der Natur Gegebenes aufgefasst, sondern als etwas, was andauernd manipuliert und kontrolliert werden kann. Speziell die Transhumanisten hoffen, dass wir mithilfe neuer Technologien neue Wege erschließen werden, um uns Krankheit, Verletzungen und Behinderungen vom Leibe zu halten. Ewiges Leben zu schaffen wird als Wahlmöglichkeit gesehen. Deshalb sagen Immortalisten auch: „Wir sind entweder die Letzten, die alt werden und sterben, oder die Ersten, die jung bleiben und ewig leben. Wir sind lieber die, die jung bleiben und ewig leben."[2]

An dieser Stelle müssen wir bemerken, dass jede Gesellschaft Zeit und Geschwindigkeit auf ihre eigene Art definiert. Wir verändern nicht nur unsere Perspektive hinsichtlich der Geschwindigkeit der Zeit, wir definieren auch den Beginn der Zeit, ihre Dauer, den Unterschied zwischen Vergangenheit, Gegenwart und Zukunft wie auch die symbolische Bedeutung der Zeit. Im Kommunismus war die Idee der Zeit mit der Möglichkeit eines Neuanfangs und der Auslöschung alles davor Existenten verbunden. Dies wird nett veranschaulicht in einem alten rumänischen Witz, der fragt: „Was wird am 8. Mai 1821 gefeiert?" Die Antwort: „Hundert Jahre *bis* zur Gründung der Kommunistischen Partei Rumäniens." Zeit hatte vor der Revolution keine andere unabhängige Bedeutung – sie wurde einfach als Warten auf das zu kommende Ereignis gesehen.

Auch bei der Wahrnehmung der Zukunft ging es ums Warten. Die zukünftige klassenlose Gesellschaft war das Ziel, das die Gesellschaft anstrebte. Dieses Warten auf die Zukunft schien nicht wie ein faules Unterfangen. Der Diskurs des Kommunismus verwendete Vokabular aus dem Baugeschäft – die Menschen erbauten die Zukunft, legten Stein für Stein ihr Fundament. Sogar Liebe wurde oft als ein Ersehnen der noch offenen Zukunft beschrieben. Der Roman *Waiting* des chinesischen Autors Ha Jin illustriert dies sehr nett. Er handelt von einem Doktor, der geduldig 18 Jahre lang wartet, um von seiner Frau geschieden zu werden und die Frau zu heiraten, die er liebt, nur um zu erkennen, dass er all diese Jahre gewartet hatte, allein um zu warten.
In der heutigen Gesellschaft scheint es kein Warten mehr zu geben. Im Leben geht es um Geschwindigkeit und sofortige Befriedigung. Es überrascht nicht, dass die New Age-Ideologien so sehr die Notwendigkeit davon betonen, im Moment zu leben, alles zu genießen, was sich anbietet, und nichts auf später zu verschieben.

Auch im heutigen Kapitalismus wird die Zeit neu begriffen: Es scheint kein Limit zu geben, keinen Anfang und kein Ende. Wenn der Kommunismus eine Wahrnehmung vom Neubeginn der Zeit hatte, schafft der Kapitalismus eine Sicht, in der sie immer schon hier ist und fortwährend in die Zukunft weitergeht. Diese Bedeutung kommt stark in Francis Fukuyamas Begriff „Ende der Geschichte" zur Geltung, der das Gefühl ausdrückt, dass kein radikaler Wandel in der Organisation mehr vorstellbar ist, jetzt, da die Idee des Kommunismus zusammengebrochen ist. Jedoch scheint auch die Vergangenheit ohne Geschichte. Mit dem Beginn des Kapitalismus begannen zum Beispiel post-sozialistische Länder so zu tun, als wäre die sozialistische Periode nur ein kurzer Umweg gewesen, der leicht aus ihren Geschichtsbüchern gelöscht werden kann.

Auch die Zukunft wird lediglich als Verlängerung dessen gesehen, was ist. Die Idee, eine neue Zukunft zu bauen, existiert nicht mehr, nur die Erhaltung dessen, was ist. Geld soll sogar ausgegeben werden, noch bevor es verdient ist. Das Leben soll jetzt genossen werden. Sogar bei der Liebe geht es darum, aus dem Hier und Jetzt das meiste herauszuholen und nicht auf zukünftige Vergnügungen zu warten.

In den frühen 1970ern gab der französische Psychoanalytiker Jacques Lacan eine eher pessimistische Vorhersage über die Akzeleration des Lebens im Kapitalismus ab, in dem mehr und mehr produziert und das Leben an allen Fronten schneller wird. Diese Schnelligkeit beeinflusst das Subjekt derart, dass das schnelle Subjekt oft auf die Bahn der Selbstzerstörung gerät. Das Paradoxe ist, dass der Einzelne einerseits als Meister gesehen wird, der sein Leben kontrolliert, dessen Richtung wählen kann und auch als jemand wahrgenommen wird, der seine Genussweisen immer weiter ausdehnen kann; andererseits landet dieses Individuum schnell auf der Bahn der Zerstörung – durch exzessiven Alkoholkonsum, Drogen, Einkaufen, Workaholismus etc. Der Kapitalismus verwandelt den proletarischen Sklaven zusehends in einen freien Konsumenten. Grenzenloser Konsum aber provoziert paradoxerweise einen Moment, an dem das Individuum anfängt, „sich selbst zu konsumieren". Die Art Leiden, die wir heute beobachten können (Anorexie, Bulimie, Aufmerksamkeitsdefizitstörung, Depression), bestätigen alle diese Behauptung.

Auch das heutige Individuum scheint großteils autark zu sein und ist viel weniger von anderen abhängig, als das mit früheren Generationen der Fall war. Die Geschwindigkeit des heutigen Lebens hat die Interaktion zwischen den Leuten verändert. Sie könnten den Eindruck haben, sie kommunizieren mit einer immer größer werdenden Zahl an Menschen; diese Interaktionen sind jedoch oft flüchtig und werden aus sicherer Distanz vom Computerbildschirm aus gesteuert. Eva Hoffman bringt in ihrem Buch *Time* die Entstehung von Aufmerksamkeitsdefizitstörungen mit dieser Änderung in den Interaktionen in Verbindung. Nicht nur tun die Leute sich schwer, sich auf etwas zu konzentrieren, wenn sie andauernd von so vielen Stimuli (Computern, Handys etc.) bombardiert werden, sie haben sogar noch mehr Probleme, einander Aufmerksamkeit zu zollen. Jemandes ungestörte Aufmerksamkeit ist schwierig zu bekommen und speziell Kinder tun sich schwer, von ihren viel beschäftigten Eltern bemerkt zu werden.

Kultureller Wandel ist deshalb in der Art passiert, in der die Menschen Nähe suchen und wie sie auch versuchen, sich voneinander zu distanzieren. Oft spielen Kinder gerne Fangen. Sie werden versuchen, möglichst schnell zu laufen, um nicht gefangen zu werden, aber wenn sie dann gefangen sind, werden sie mit der Möglichkeit belohnt, dass sie nun selbst hinter jemandem her sein können. Wenn diese Person ein Elternteil ist, wird sie eine Zeit lang schnell laufen, dann aber irgendwann ihre Geschwindigkeit reduzieren, damit das Kind sie fangen kann. Das Langsamer-Werden soll hier ein spezielles Siegesgeschenk sein, das liebende Eltern ihren Kindern zu geben versuchen. Und obwohl es ein vorgetäuschtes Langsamer-Werden ist, wird es von beiden sehr geschätzt.
Beim Versteckenspielen geht es ebenfalls um den Genuss, derart versteckt zu sein, dass man irgendwann nichtsdestotrotz gefunden wird – wenn auch nicht zu schnell. Wenn der, der uns entdecken soll, sich nicht genug anzustrengen scheint, fühlen wir uns ignoriert und das Vergnügen im Spiel wird sehr verringert.

Wenn wir weglaufen, wollen wir daher in unseren Versuchen, uns zu distanzieren, beobachtet werden. Oft aber finden wir ein spezielles Vergnügen darin, hinsichtlich unseres Versuchs davonzueilen Angst zu erzeugen. In Slowenien hat sich auf den Straßen ein spezielles Ritual entwickelt, das viel Angst beinhaltet. Sagen wir, wir haben eine Person, die eine Reihe langsamer Lastwagen überholt und dabei die Geschwindigkeitsbeschränkungen einhält. Hinter ihm wird oft ein ungeduldiger Fahrer auftauchen, der sehr unglücklich über den Fahrer vor ihm ist, weil dieser nicht schneller fährt oder ihm die Möglichkeit gibt zu überholen. Seine Bekümmertheit wird sich auf zwei Arten zeigen: Er wird die Lichthupe betätigen und er wird direkt hinter dem ersten Fahrer fahren – ohne sichere Distanz zwischen ihnen.

Solche Situationen ziehen ihren Gewinn offensichtlich aus der Angst. Obwohl die zwei Fahrer sich nicht treffen (außer sie kollidieren), sind sie für den Moment vereint in dieser Angst. Beide Fahrer werden ängstlich aufgrund dieser Nähe, die plötzlich zwischen ihnen entstanden ist. Obwohl sie bewusst nichts mehr wollen als sich zu trennen, sitzen sie für den Moment gemeinsam fest. Die Geschwindigkeit des zweiten Fahrers war offensichtlich ein Versuch, anderen zu entkommen, sie zu überholen und weiter zu rasen. Dieser Fahrer lässt sich jedoch ständig auf neue Begegnungen ein. Es ist so, als wäre es die Angst (seine und die der anderen), die er sucht. Seine Geschwindigkeit muss von jemand anderem erkannt werden, damit er eine gewisse Befriedigung verspürt. Aber er muss darin irgendwie begrenzt werden – durch eine Geschwindigkeitsbeschränkung oder durch einen anderen, der sie bemerkt, um speziellen Gefallen im Missfallen zu finden und dann ein Ventil für seine gestiegene Aggression. Auch der Tod ist hier ein wichtiger Faktor. Beschleunigen bereitet ein gewisses Vergnügen, gerade weil es die Grenze zwischen Leben und Tod zu überschreiten scheint.

Für Sigmund Freud ist Angst in letzter Instanz immer auf den Tod bezogen. Unter den vielen Ängsten, die wir täglich erleben, ist die furchtbarste jene vor dem Verlust unseres Lebens. Aber weil dieser Verlust so traumatisch ist, versuchen wir oft den Tod herauszufordern – wir provozieren jene Situationen, die uns ihm näher bringen, und ziehen dann ein spezielles Vergnügen daraus, wenn wir entkommen. Für das Individuum liegt kein Genuss im Verstoß, wenn es keine Grenzen gibt. Wir wollen vermeiden geschnappt zu werden und testen gleichzeitig ewiglich aus, wo die Grenzen sind. Und vor allem wollen wir, dass andere uns bei diesen Versuchen beobachten.

Schnell, mutig und kühn

Katrin Bucher Trantow

Wenn ich nicht einschlafen kann, lasse ich den Grand Prix der Unschlagbaren in meinem Kopf abrollen. Natürlich ist niemand wirklich unschlagbar. Selbst die besten Fahrer der Formel-I-Geschichte wurden viel öfter geschlagen, als sie selbst siegen konnten. Unschlagbar sind die Teilnehmer aus einem anderen Grund. Sie sind alle tot.

Startaufstellung/Grand Prix der Unschlagbaren:
1. Reihe: Jim Clark. Gilles Villeneuve.
2. Reihe: Elio de Angelis. Jochen Rindt.
3. Reihe: Ayrton Senna. Patrick Depailler.
4. Reihe: Tom Pryce. Peter Revson.
5. Reihe: Stefan Bellof. François Cevert [...][1]

Geschwindigkeit ist sich messen. Es scheint, als sei weniges so unterhaltsam und treibe den Menschen so weit, wie sich oder den anderen zu zeigen, dass man gedanklich oder physisch unerreichbar ist. Trotzdem und gerade deshalb ist Geschwindigkeit ein Phänomen, das Generationen beschäftigt, fasziniert und dazu bringt, sich in absonderliche Situationen der Gefahr und des maximal Möglichen zu begeben.

„Jessas und Maron!" schrie mein Pate, „da draußen fliegt ja eine Mauer vorbei!" Jetzt wurde es finster, und wir sahen, daß an der Wand unseres knarrenden Stübchens eine Öllampe brannte. Draußen in der Nacht rauschte und toste es, als wären wir von gewaltigen Wasserfällen umgeben, und ein ums andere Mal hallten schauerliche Pfiffe. Wir reisten unter der Erde. Der Pate hielt die Hände auf dem Schoß gefaltet und hauchte: „In Gottes Namen. Jetzt geb ich mich in alles drein. Warum bin ich der dreidoppelte Narr gewesen." Zehn Vaterunser lang mochten wir so begraben gewesen sein, da lichtete es sich wieder, draußen flog die Mauer, flogen die Telegraphenstangen und die Bäume, und wir fuhren im grünen Tal.[2]

Nicht nur für Peter Rosegger und seinen Paten ist das gemächliche Rattern der Semmering-Bahn 1913 ein körperlich mitreißendes und geradezu faszinierend unmoralisches Phänomen. Diese ansteckende Technikbegeisterung ist mit der Hauptgrund, dass wir heute auf ein ganzes Jahrhundert zurückschauen, das sich die Geschwindigkeit auf wirtschaftliche, politische wie auch kulturelle Fahnen geschrieben hat, und nach wie vor subsumieren sich unter ihr Bilder der Kraft, des Wachstums und der Zukunft. Schon 1903, nach den Erscheinungen der Industrialisierung, der Massenproduktion und der Urbanisierung, sagt der Poet und spätere Surrealist Guillaume Apollinaire das Jahrhundert der Geschwindigkeit voraus. Den Alltag und die Wahrnehmung bestimmen Neuerungen wie die Nähmaschine, die Taschenuhr, die Erfindung der Fotografie und damit des Porträts für jedermann. Aber auch der neue Film und nicht zuletzt die Eisenbahn – der Ausbau internationaler Netze Ende des 19. Jahrhunderts hat die Einführung einer einheitlichen Mitteleuropäischen Zeit zur Folge – lassen eine Zunahme von Geschwindigkeit allerorts spürbar werden; 1909 publiziert der junge charismatische Millionärssohn und Besitzer eines der wenigen Autos von Mailand Filippo Tommaso Marinetti das berühmte Futuristische Manifest und beschwört in seinem künstlerischen Credo die Schönheit einer beschleunigten, technologisierten Welt voller explosiver Energie, realer Kraft und gewaltigen Tatendrangs.

1. Wir wollen die Liebe zur Gefahr besingen, die Vertrautheit mit Energie und Verwegenheit. 2. Mut, Kühnheit und Auflehnung werden die Wesenselemente unserer Dichtung sein. 3. Bis heute hat die Literatur die gedankenschwere Unbeweglichkeit, die Ekstase und den Schlaf gepriesen. Wir wollen preisen die angriffslustige Bewegung, die fiebrige Schlaflosigkeit, den Laufschritt, den Salto mortale, die Ohrfeige und

1 Wolf Haas: *Ausgebremst*. Reinbek: Rowohlt 1998, S.10.

2 Peter Rosegger: *Als ich das erste Mal auf dem Dampfwagen saß*. In: *Als ich noch ein Bergbauernbub war*. 1900–1902.

3 Filippo Tommaso Marinetti: *Manifest des Futurismus*. In: Le Figaro (Paris, 20. Februar 1909).

den Faustschlag. **4.** *Wir erklären, daß sich die Herrlichkeit der Welt um eine neue Schönheit bereichert hat: die Schönheit der Geschwindigkeit.*[3]

Im Österreich der 1920er Jahre ist es die eingeschworene Gruppe der *Kinetisten*, mit u.a. Erika Giovanna Klien, Elisabeth Karlinsky, Ludwig Reutterer oder Stella Weissenberg, um den Wiener Professor der Kunstgewerbeschule Franz Čižek, die sich mit den Gedanken des neuen Sehens im Lichte einer bewegten und spartenübergreifenden Vieldimensionalität auseinandersetzt. Dabei entstehen beeindruckende Werke von einer sich selbst durchdringenden Welt in Malerei, Bildhauerei, Theater und Grafik. Beschleunigung steht gerade in dieser Zeit für das dynamische Leben der Großstadt, für exponentielles Wachstum des öffentlichen wie auch des privaten Verkehrs und damit für die Zunahme an relativer Ortsunabhängigkeit. Fragen zur Gleichzeitigkeit und zum Festhalten eines exakten Moments treten durch die Fotografie ins Bewusstsein der Menschen und sind *die* wahrnehmungsverändernde Herausforderung des 20. Jahrhunderts.[4] Die Fotografie wird – im Gegensatz zur Malerei – als *reales* Zeugnis verstanden und treibt die sich entwickelnde Spezialisierung der Wissenschaften voran. Sie dient dazu, die Geschichtsschreibung mit Bildbelegen zu unterfüttern und ist gleichzeitig eine Quelle für die Naturwissenschaften. Analytische Bilder wie die Untersuchung des galoppierenden Pferds von Edward Muybridge oder der Flug eines Geschoßes von Ernst Mach prägen das ganze folgende Jahrhundert und gehen in das kollektive Gedächtnis der Gesellschaft über. In ihnen wird exemplarisch das bisher Verborgene durch die vom Menschen geschaffene Maschine zerlegt, gebändigt und unwiderlegbar erkannt: Bewegung wird damit in der Geschwindigkeit festgehalten, eingefroren und – in ihren Einzelteilen aufgeschlüsselt – beherrschbar gemacht.

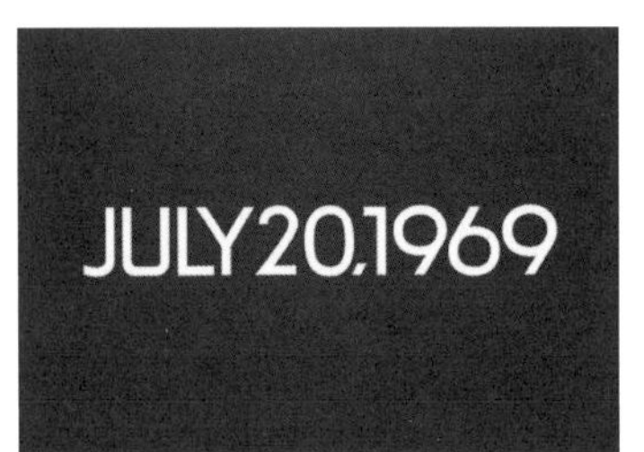

On Kawara, *JULY 20, 1969*, 1969

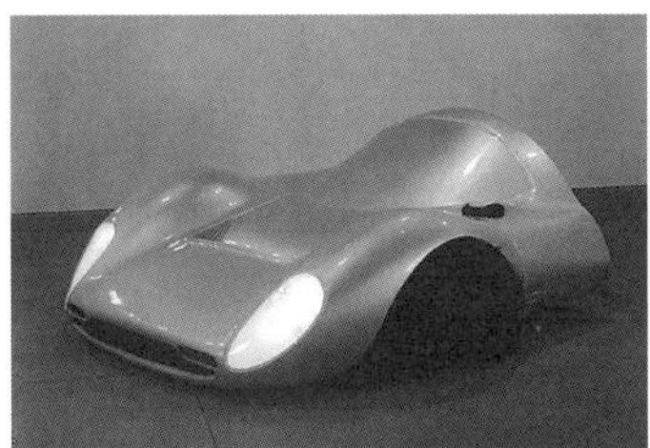

Siobhán Hapaska,
Mule, 1997

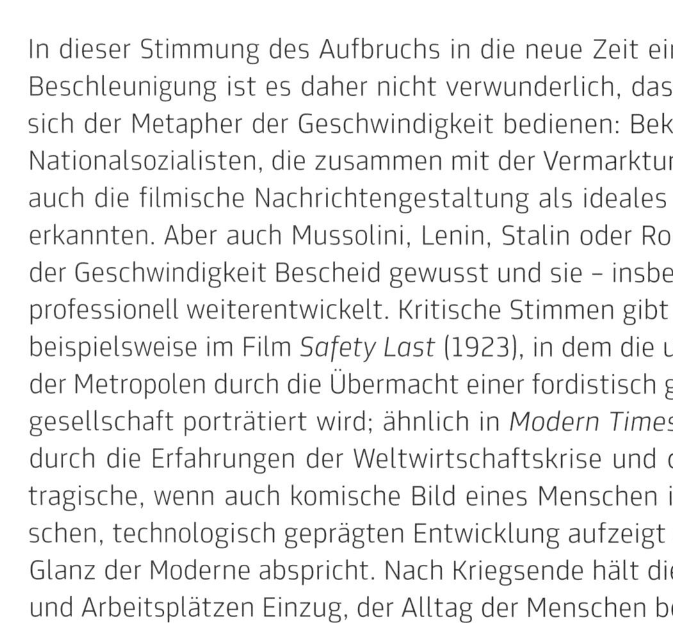

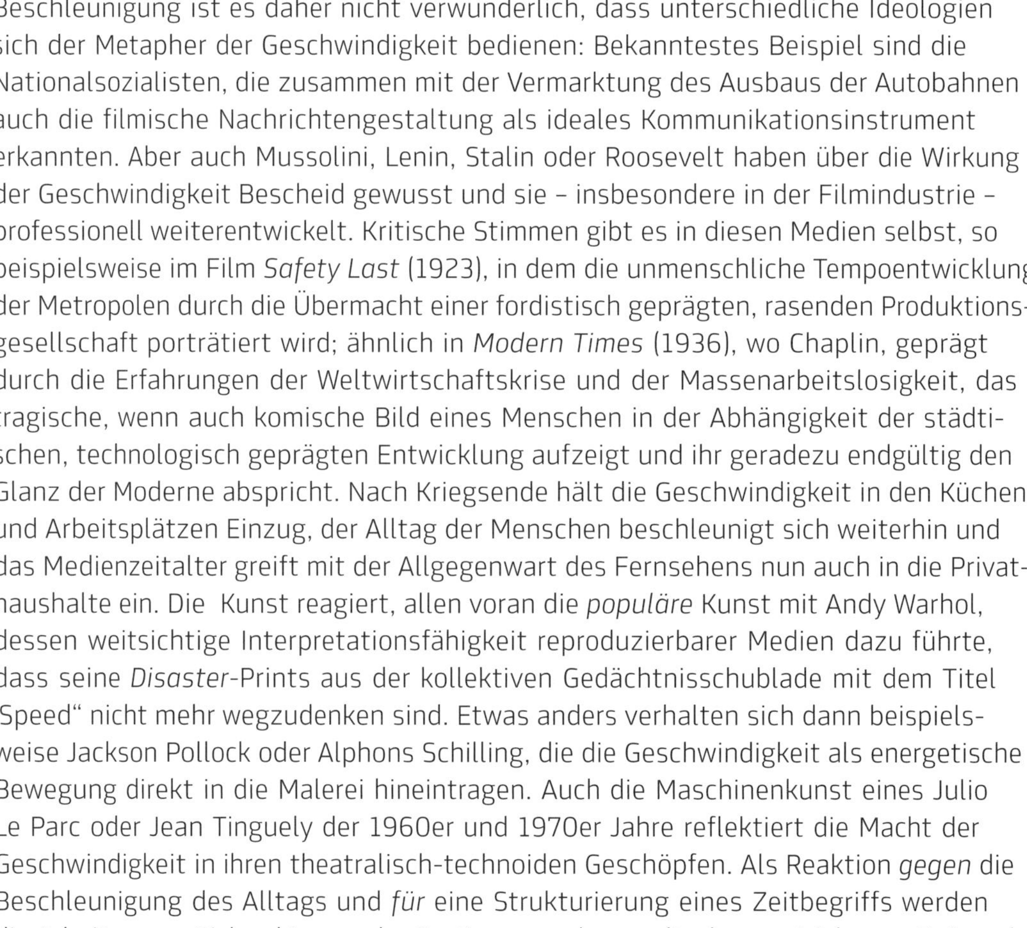

In dieser Stimmung des Aufbruchs in die neue Zeit einer vom Menschen diziplinierten Beschleunigung ist es daher nicht verwunderlich, dass unterschiedliche Ideologien sich der Metapher der Geschwindigkeit bedienen: Bekanntestes Beispiel sind die Nationalsozialisten, die zusammen mit der Vermarktung des Ausbaus der Autobahnen auch die filmische Nachrichtengestaltung als ideales Kommunikationsinstrument erkannten. Aber auch Mussolini, Lenin, Stalin oder Roosevelt haben über die Wirkung der Geschwindigkeit Bescheid gewusst und sie – insbesondere in der Filmindustrie – professionell weiterentwickelt. Kritische Stimmen gibt es in diesen Medien selbst, so beispielsweise im Film *Safety Last* (1923), in dem die unmenschliche Tempoentwicklung der Metropolen durch die Übermacht einer fordistisch geprägten, rasenden Produktionsgesellschaft porträtiert wird; ähnlich in *Modern Times* (1936), wo Chaplin, geprägt durch die Erfahrungen der Weltwirtschaftskrise und der Massenarbeitslosigkeit, das tragische, wenn auch komische Bild eines Menschen in der Abhängigkeit der städtischen, technologisch geprägten Entwicklung aufzeigt und ihr geradezu endgültig den Glanz der Moderne abspricht. Nach Kriegsende hält die Geschwindigkeit in den Küchen und Arbeitsplätzen Einzug, der Alltag der Menschen beschleunigt sich weiterhin und das Medienzeitalter greift mit der Allgegenwart des Fernsehens nun auch in die Privathaushalte ein. Die Kunst reagiert, allen voran die *populäre* Kunst mit Andy Warhol, dessen weitsichtige Interpretationsfähigkeit reproduzierbarer Medien dazu führte, dass seine *Disaster*-Prints aus der kollektiven Gedächtnisschublade mit dem Titel „Speed" nicht mehr wegzudenken sind. Etwas anders verhalten sich dann beispielsweise Jackson Pollock oder Alphons Schilling, die die Geschwindigkeit als energetische Bewegung direkt in die Malerei hineintragen. Auch die Maschinenkunst eines Julio Le Parc oder Jean Tinguely der 1960er und 1970er Jahre reflektiert die Macht der Geschwindigkeit in ihren theatralisch-technoiden Geschöpfen. Als Reaktion *gegen* die Beschleunigung des Alltags und *für* eine Strukturierung eines Zeitbegriffs werden die Arbeiten von Richard Long oder On Kawara gelesen, die der verstrichenen Zeit und

4 Vgl. Zit. nach Edward Dimendberg: *Capture*. In: *Speed Limits*. Hg. von Jeffrey T. Schnapp, 2009, S. 76: Kirk T. Varnadoe: *The Artifice of Candor: Impressionism and Photography Reconsidered*. Art in America, Nr. 68 (Jänner 1980), S. 66-78.

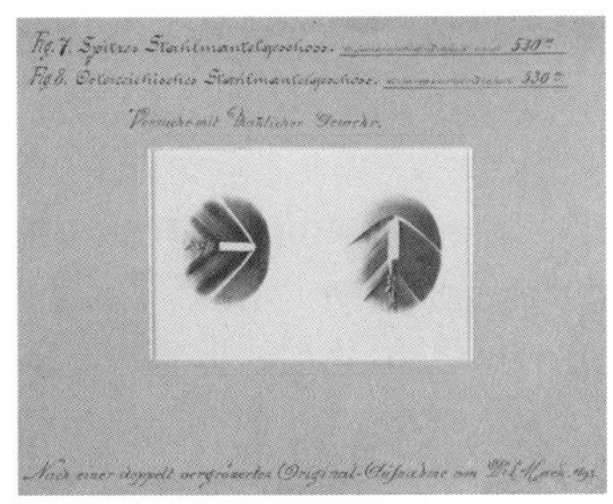

Ernst Mach, *Momentfotografie eines fliegenden Geschoßes*, 1893

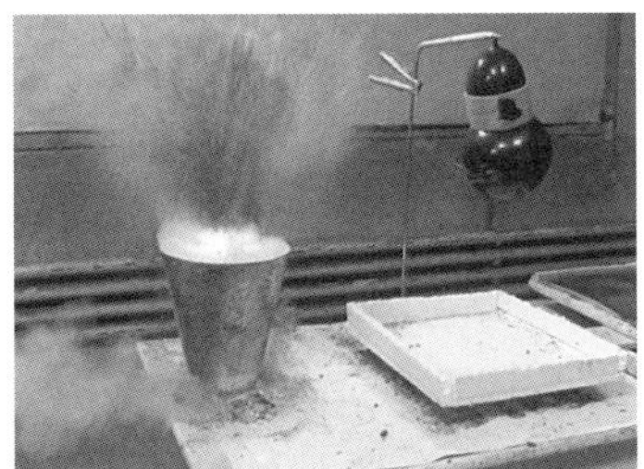

Peter Fischli und David Weiss, *Der Lauf der Dinge*, 1986/87 (Filmstill)

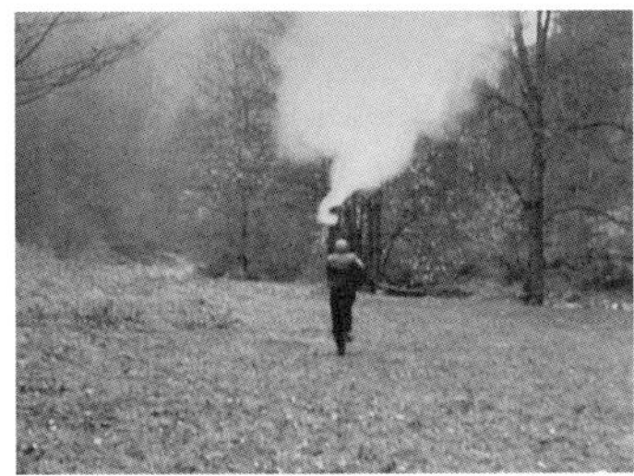

Roman Signer, *Wettlauf mit Rakete*, 1981 (Filmstill)

dem Erlebten einen Namen oder ein Objekt zuweisen. Ab den späten 1960er Jahren tritt der Film und nur wenig später auch das Video in die künstlerische Reflexion der Geschwindigkeit ein und drängt sich über seine Form dem Thema geradezu auf. Nam June Paik erklärt, *Video isn't I see, it's I fly*.[5] Seine Arbeiten sind getaktet, halten Gleichzeitigkeit und Ungleichzeitigkeit fest und beobachten Bewegungen im Raum: Geschwindigkeit wird Gleichzeitigkeit, Dokumentation wird Überwachung.

In den 1990er Jahren wird das Thema aufgrund bahnbrechender Essays von Philosophen wie Paul Virilio, Ivan Illich oder Peter Sloterdijk aufgerollt und das rasende Jahrhundert mit seinen explodierenden Metropolen doch nicht als das aufstrebende der futuristischen Visionen aufgedeckt. Man spricht von Tempowahn, von der Globalisierungsspirale und propagiert eine Zeit der Dinge, die nicht unter Druck geschehen müssen. Künstler wie Siobhán Hapaska, Richard Hamilton, Julian Opie oder Takashi Murakami spiegeln eine moderne Obsession mit der Geschwindigkeit und der Bewegung wider.[6] Gute zehn Jahre sind seit diesen Diskussionen vergangen. Geschwindigkeit und ihre Faszination wie auch die Reserviertheit ihr gegenüber nehmen in der Gesellschaft nicht ab. Im Gegenteil, Geschwindigkeit ist in der globalen Marktwirtschaft fast flächendeckend in den Alltag eingeflossen, sodass alles unter den Voraussetzungen des möglichst geringen Zeitverlusts geschieht: *Speed Dating*, *Speed Cooking* oder auch *Speed Sports* sind wie die Rauschdroge *Speed* und der *High-Speed Download* nur einige der sprachlichen Zeugen davon. Umso mehr sind die künstlerischen Arbeiten der Ausstellung Zeugen ihrer Zeit und bilden gemeinsam einen Ort zum Nachdenken über die nach wie vor so zweideutige Erscheinung.

Peter Fischlis und David Weiss' tempo-, spannungs- und witzreicher Film *Der Lauf der Dinge* von 1986/87 steht am Anfang des Ausstellungsreigens von *Catch Me!* und eröffnet geradezu paradigmatisch das Spiel um das Fangen und Gefangen-Werden. Das Werk handelt von einem simplen Dominoeffekt, von Schwankungen des Lebens, von inhärenter Akzeleration und Verlangsamung und hat nicht nur während der documenta 8 für Furore gesorgt, sondern trifft nach wie vor einen neuralgischen Punkt in der Frage um die Bedingungen der Existenz, was unter anderem ihre Dauerinstallation im MoMA in New York beweist. Der Film – per se eine getaktete Abfolge von in Beziehung stehenden Bildern – behandelt eine Versuchsanordnung von alltäglichsten Dingen als pyrotechnische Kettenreaktion. Ihr Ablauf gehorcht dabei wissenschaftlich erklärbaren Gesetzen von Physik und Chemie und definiert sich als *Ordnung aus Schwankungen* und offenbart sich trotzdem, wenn nicht gerade deshalb, durch absurde Theatralik und höchste Körperlichkeit als Spiegel des Selbst im Hamsterrad der Zeit. Kaum jemand kann sich der Spannung jener Momente kurz vor dem Übertritt der Flamme auf die daraufhin losrasende Zündschnur, dem langsam drohenden Anschwellen des Wasserpegels bis hin zum endlichen Ergießen entziehen und sich damit von den Bildern des existenziellen Werdens und Vergehens persönlich distanzieren. Genauso wie der Film eine Kettenreaktion ist *und* darstellt, so zeigt die Arbeit Zeit und Bewegung als einander bedingende Grundkonstanten des Lebens an. *Der Lauf der Dinge* gleicht einem konzeptuellen Leitfaden für die Ausstellung: Die Arbeit, genau wie die räumliche Aufgliederung, simuliert eine Kreisbewegung und spricht von einer Zeitabhängigkeit, welche die Gegenwart sowohl mit der Zukunft als auch der Vergangenheit in Beziehung setzt.

Mit dem Finger auf der *Macht* kann heute jeder und jede die Geschwindigkeit des Erlebens bestimmen, kann dabei Geliebtes einfangen und wieder und wieder sehen, Ungeliebtes überspringen oder zumindest schneller laufen lassen. Realität kann in unterschiedlichen Situationen und Orten stattfinden. Nicht nur schnell, sondern sogar gleichzeitig wird Berichterstattung erlebt. Es scheint, als hätten uns der Film und

5 *Speed Limits*, S. 112.

6 Vgl. Paul Virilio: *Rasender Stillstand*, dt. 1992/franz. 1988; *Speed: Visions of an accelerated age*. Whitechapel Art Gallery 1998, mit Artikeln von Virilio, Sloterdijk, Illich u.a.; *Need For Speed*. Grazer Kunstverein, steirischer herbst 1997.

7 Vgl. Dimendberg: *Capture*. In: *Speed Limits*, S. 74.

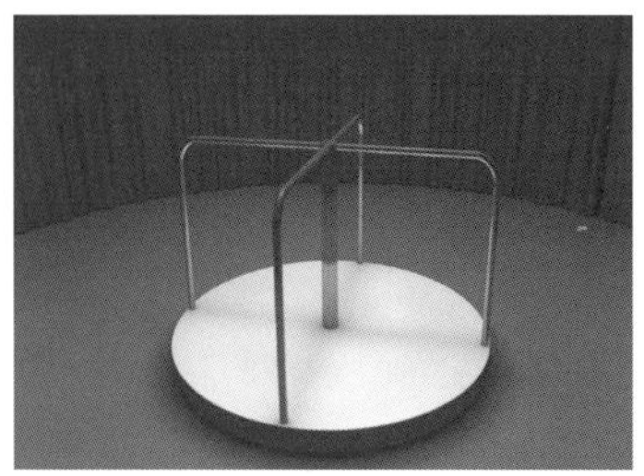

Daniel Hafner,
Carousel, 2010

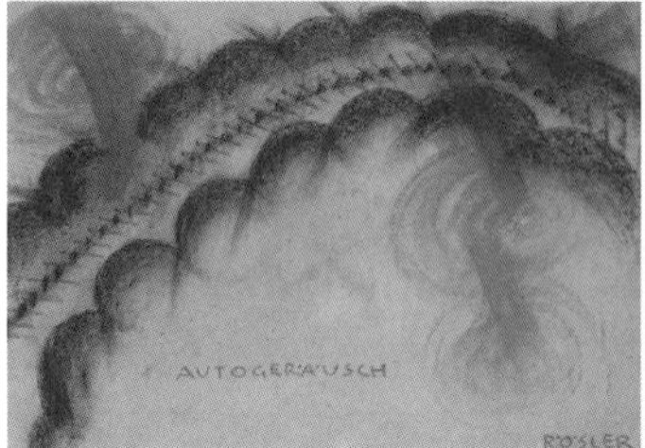

Wilhelm Rösler,
Autogeräusch, um 1920

das Internet damit eine neue Form von Realität, im Sinne von André Bazin, als *Mythos des totalen Kinos* in Unabhängigkeit zur Linearität gegeben.7 Und trotzdem gibt es Situationen, in denen man selbst einer äußeren Bewegung in der Zeit ausgesetzt und ihr unterlegen ist. Roman Signers *Wettlauf mit Rakete* – ein absurder Anachronismus – versucht sich dem Gesetz der Geschwindigkeit zu widersetzen, spielt mit dem Bild des Unbelehrbaren, des charmanten Tüftlers, dessen Experimente das Unmögliche möglich zu machen versuchen. Signer sagt selbst, dass er die Geschwindigkeit gerne festhalten, gerne in Zeitlupe sehen würde.8 Genau dies unternimmt er mithilfe des Filmes, nicht anders als schon Ernst Mach, der den Lauf eines fliegenden Geschoßes beim Aufprall mit einer Präzisionskamera untersuchte. Mit dem einen Unterschied: Ausgangspunkt ist bei Signer nicht primär ein rein technisch Interessierter, sondern ein Beobachter und mokanter Kritiker menschlicher Wahrnehmungsmuster. 360° eines spektakulären Spiegelaufpralls beschreibt *Le Faux Mouvement* von Gwenaël Bélanger und macht dabei ebenfalls etwas sichtbar, was das menschliche Auge nicht erfassen kann. Auch Bélanger ist auf der Suche nach Wahrnehmungsmustern und ihrer Erweiterbarkeit in andere Dimensionen. Undeutliche Schatten im Bild gemahnen an Platon und Bilder von andern, parallelen Welten, die hier mithilfe der Technik im Moment der Kulmination schemenhaft durchzuscheinen vermeinen. Anhand der perfekt geschliffenen und doch so vieldeutigen Aufnahme ist der Glaube vieler Quantenphysiker an Paralleluniversen nachvollziehbar.

Daniel Hafners *Carousel* lässt in den Kreis des Geschehens eintreten: Es geht um fahren, aber auch um hören und damit wahrhaftig und erlebbar um die Wahrnehmung von Geschwindigkeit, in diesem Falle persönlich steuerbar. Nur wer das Spielplatzgefährt zu betreten und in Schwung zu versetzen wagt, wird mit einem Klang belohnt. Der Ton, der in einer bekannten Welt von einer fixen Quelle kommt, fährt hier irritierenderweise mit. Je schneller ich trete, desto schneller ist auch der Ton, fangen allerdings lässt er sich nicht. Wie sehr die Wahrnehmung der Geschwindigkeit von Geräuschen abhängig ist, betonen Stella Weissenbergs *Straßengeräusch* und Wilhelm Röslers *Autogeräusch*, in denen der urbane Lärm als aufgespaltete Form der Bewegung sichtbar wird. Diese Art der Aufgliederung von Ton und Form wird gespiegelt in der Tatsache, dass wir dies eigentlich immer tun: Da wir kein Organ für die Zeit wie etwa für den Ton oder die Farbe haben und uns somit ein wichtiger Helfer in der Analyse der Geschwindigkeit fehlt, müssen unsere anderen Fähigkeiten dieses Manko ausgleichen und daraus ein inneres Konstrukt bilden.9 Auch das *Standortvehikel* von Markus Wilfling reduziert die Form der laufenden Bewegung durch ihre Spaltung auf ihr äußerstes Minimum. Das Rad als Symbol nicht nur der Bewegung, sondern auch des motorisierten Zeitalters erhebt sich geradezu archaisch im Raum und gemahnt in seiner Form direkt an die Vorläufer der Futuristen oder Kinetisten. Wilfling, der sich in seinen Arbeiten mit dem Thema der Geschwindigkeit auf verschiedenen Wegen und Medien auseinandersetzt, scheint auf der Suche nach dem Moment der Schwerelosigkeit, dem Moment des Zustandes des *Dazwischen*. So auch in seiner konzeptuellen Performance für die Eröffnung, in der er, für zwölf Stunden von seinem Aufenthaltsort in Mexiko eingeflogen, das Thema der Gleichzeitigkeit des Ungleichzeitigen und die Allgegenwart des vernetzten Künstlers anspricht.

Christian Eisenberger ist der Bricoleur unter den Künstlern. Seine Arbeiten sind mit Sicherheit die schnellsten und inszenieren dabei charmant das Skizzenhafte und Gebastelte als das Meisterhafte, in dessen Geschwindigkeit der Esprit des Geistes liegt. So wie Italo Calvino schreibt, dass auch im motorisierten Zeitalter die Geschwindigkeit des Geistes diejenige sei, die uns um ihrer selbst willen eine Freude macht, so verströmen die Arbeiten von Eisenberger tatsächlich eine flinke Leichtigkeit der

8 Roman Signer: „Ich würde gerne in Zeitlupe sehen können. Für mich sind Zeit und Geschwindigkeit sehr wichtig. Nicht nur der Raum." Zitat nach: *Der letzte Schnee*. Einladungskarte Häusler Contemporary, 2009.

9 Vgl. Interview mit Urs Schallenberg in NZZ Format: *Faszination Geschwindigkeit – Die Filme*, 2000.

10 „Geistige Geschwindigkeit ist um ihrer selbst willen wertvoll, um des Vergnügens, das sie jedem bereitet, der für so etwas empfänglich ist, und nicht um des teilweisen Nutzens, der sich aus ihr ziehen lässt. Ein geschwind gefasster Gedanke ist nicht unbedingt besser als ein bedachtsam erwogener, ganz und gar nicht, doch vermittelt er etwas, das sich aus eben dieser Geschwindigkeit ableiten lässt." (Italo Calvino: *Six Memos for the Next Millennium*, 1985; wiederabgedruckt in: *Speed Limits*, S. 291. In deutscher Sprache erschienen als *Sechs Vorschläge für das neue Jahrtausend. Die Harvard-Vorlesungen*. München: Hanser 1991.)

11 Carsten Höller in einem Interview mit Fiona Maddocks: *What's coming up at Tate Modern?* In: Evening Standard (26. September 2006).

12 Vgl. Einleitung der Autorin, S. 29.

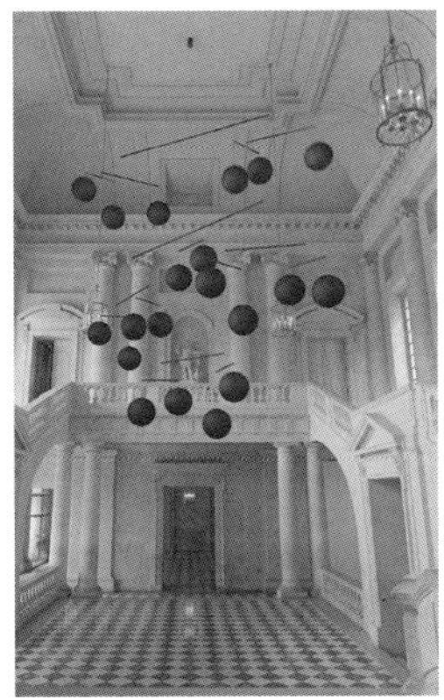
Xavier Veilhan, *Mobile*, 2009

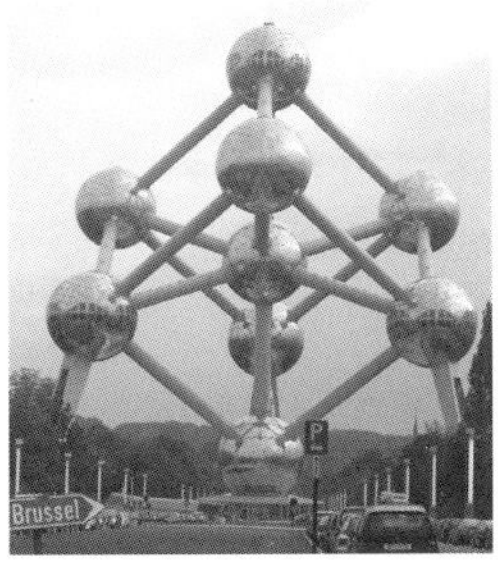
Atomium, Brüssel

Gedanken, die aus ihrer schieren Schnelligkeit zu kommen vermag.[10] Ausgehend von zwei Filmen, in denen der Künstler den Raum im Kreis um ihn herum zu schleudern scheint und er das Zentrum eines Systemes bildet, malt, klebt und baut er seine räumliche, begehbare Installation, ein kleines, schnelles Universum. Über ihm schwebt still ein anderes System. Das *Mobile* von Xavier Veilhan nutzt das von Calder komponierte Durchdringen des malerischen Raumes und evoziert die Ordnung der Planeten, erinnert explizit an Teilchenmodelle und den Glanz und die idealisierte Form des Atomiums in Brüssel und setzt diese in Bewegung. *Vehicles, Sculptures Automatiques* und *Light Machines* sind nur einige der Werktitel des Franzosen die auf seine Verbundenheit mit der Technik und physikalischen Gesetzen hindeuten. *Le Carrosse* und *Amish Boccioni* offenbaren, dass seine Wurzeln in der Auseinandersetzung mit visionären Utopien der Moderne stehen. Seine künstlerische Praxis basiert auf Gegenüberstellungen von Systemen der Zeit, Bewegung und Dimension. Geschwindigkeit wird als Thema wie auch als Objekt der Untersuchung benutzt und erhält als Träger der Veränderung in vielen seiner Arbeiten eine Stimme. Wie in der Ausstellung das überdimensionale *Mobile* sich erhaben über den Köpfen der Besucher dreht, steht im Zentrum seiner Arbeit die Frage nach der Form von zeitlich wandelbaren, per se labilen physikalischen Modellen und einer Position des Menschen darin.

Ebenso an den Optimismus der frühen Moderne anknüpfend, wird das Thema der Beschleunigung und der Geschwindigkeit in Carsten Höllers *Slide House Projects* enthusiastisch gefeiert. Bei den utopischen Bildern verlassener modernistischer Architektur, die mit Plänen von Riesenrutschbahnen wieder zum Leben erweckt werden sollen, handelt es sich um eine zeichnerische Weiterentwicklung der *Slide Projects*, dessen bekannteste Version als temporäre Installation *Test Site* in der Turbine Hall der Tate Modern 2006/07 mehrere tausend Besucher hat sich freudig in die Tiefe stürzen lassen. „Rutschen manipulieren die Menschen. Es ist fast so, als würde man unter Drogeneinfluss stehen, eine aufregende Erfahrung, aber auch eine schnelle und effiziente Möglichkeit, um von A nach B zu gelangen."[11] Höllers trockene Erklärung lässt darauf schließen, dass der Kick, den man sich auf der Bahn holen kann, gewollt und nicht nur gut und richtig für das interaktive Erlebnis eines skulpturalen Kunstwerks ist, sondern dass gerade in dessen Eigenständigkeit als funktionierendes urbanes Transportmittel der Eingriff einen künstlerischen Anspruch erhebt.

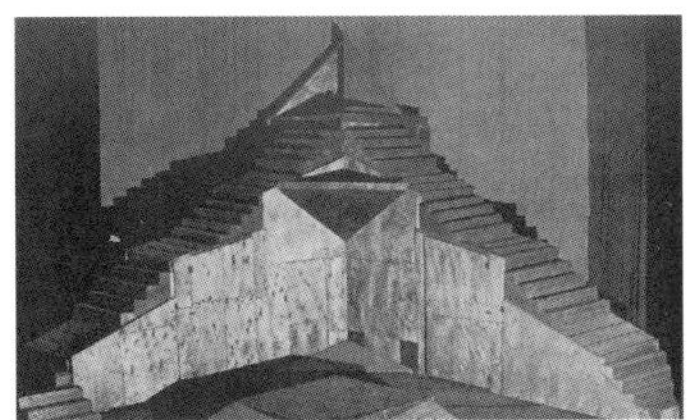
Bühne für jede Form revolutionären Theaters. In: Nancy Van Norman Baer: *Theatre in Revolution: Russian avant-garde stage* design, *1913–1935*. New York: Thames and Hudson/ San Francisco: The Fine Arts Museum of San Francisco 1991, Abb. 330.

For Any Revolutionary Play von Lisi Raskin ist eine Installation, die als Antwort auf die utopische Form des Space01 entstanden ist. Sie nutzt die Form der theatralischen Nozzle als Startrampe für eine Rakete und knüpft dabei an Ideen und revolutionäre Prägungen der Moderne an. In ihrer Interpretation spielt eine scheinbar kindliche, geradezu naive Freude an der machtvollen, militärisch anmutenden *gewalt*igen Ikonografie mit. Raskin hat in den Formen des Hauses, futuristischer Avantgarde-Kulissen der 1920er Jahre, wie die einer zweiseitig begehbaren Treppenbühne ... *for any sort of revolutionary play,* und militärischer Anlagen aus dem Kalten Krieg eine einzigartige Verwandtschaft gefunden, die sie mit den Formen von Kinderspielplätzen überlagert und vermischt: Im Falle der Architekten des Kunsthauses Graz beruht die Beziehung auf deren nachweislichem Interesse für die Ideen der Moderne, wie z.B. für den Architekten und Visionär Friedrich Kiesler, dessen *Endless House* aus seinem Spätwerk der 1950er Jahre die Form des Kunsthauses Graz antizipiert.[12]

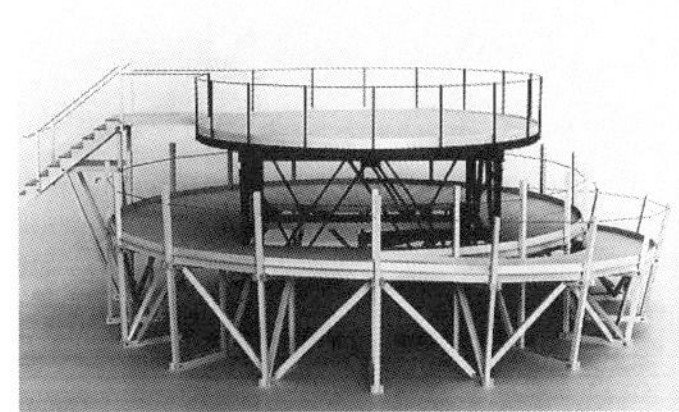
Modell der Raumbühne von Friedrich Kiesler, 1924, Österreichisches Theatermuseum, Wien

Seit Langem fasziniert von der Kultur des Kalten Krieges, untersucht Raskin in ihren Arbeiten die Erhabenheit von Bildern der kriegerischen Macht und nutzt dazu die Zeichnung genauso wie die Fotografie, die Installation und die Performance. Formal an die Konstruktivisten und die entleerte Fläche der Form angelehnt, verwischt sie

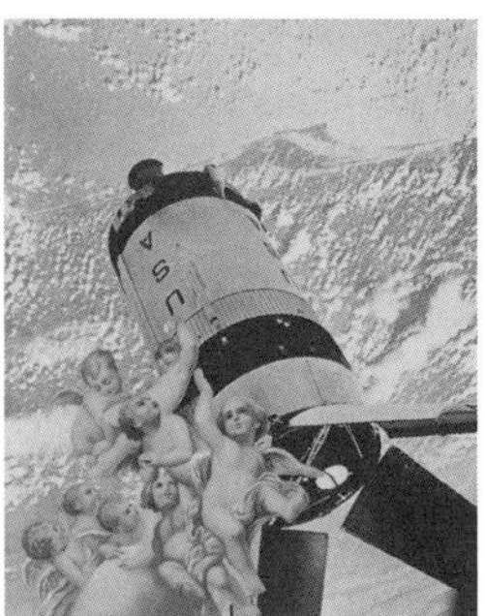

Aleksandra Mir,
USA, 2008

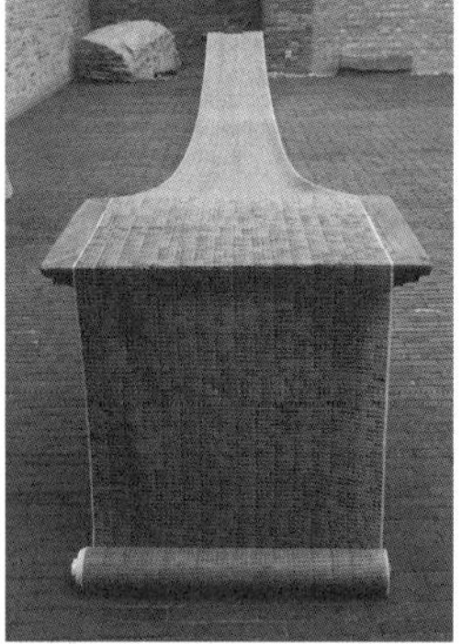

Lu Qing,
Ohne Titel, 2000/01

Billy Roisz, *brRRMMMWHEee – extended version*, 2010 (Videostill)

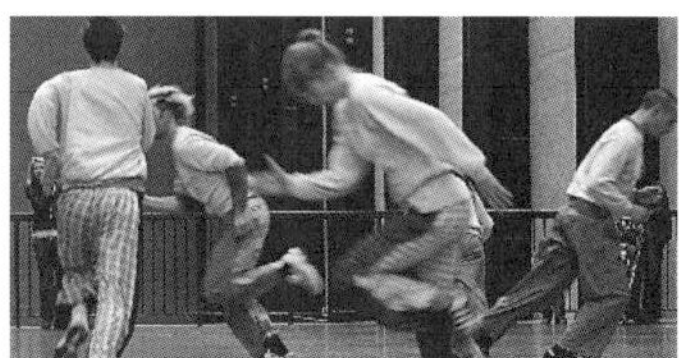

Annie Vigier & Franck Apertet – les gens d'Uterpan, *X Event 2*, 26./27. Jänner 2008; im Rahmen der Ausstellung *The Living Currency*, Tate Modern, London; Kurator: Pierre Bal Blanc

insbesondere in ihren farbigen Installationen die Grenzen zwischen dem Realen und dem Imaginierten und bedient sich der Freiheit des Narren, um Themen der Genderisierung und der Gewaltverherrlichung anzusprechen. Ebenso im inhaltlichen Zusammenhang eines kritischen Umgangs mit Bildern einer Welt von männlich dominierten Geschwindigkeitsmetaphern stehen Aleksandra Mirs Collagen. Die Schwedin Mir, die seit ihrem Erscheinen letztes Jahr bei der Biennale von Venedig wohl zu den bekanntesten Künstlerinnen Europas gehört, beschäftigt sich in ihrer medienübergreifenden Arbeit mit den Bedingungen des visuellen Gedächtnisses. *Aim for the stars* – wohl von ihrem aktuellen Wohnort Palermo beeinflusst – steht in der Tradition einer Beschäftigung mit Bildikonen, die Bearbeitungen von Che Guevaras Heroenposter durch das Beifügen einer Concorde genauso zulässt **13** wie idyllische Postkarten mit irreführenden Beschriftungen. Vergleichbar mit Tarkovskys Film *Solaris*, wo auf einem Raumschiff das Eintauchen in die eigene Erinnerung und in das Bild der Winterlandschaft von Pieter Brueghel eine Schwerelosigkeit zur Folge hat, spielt die Serie auf die irdische Sehnsucht nach der utopischen Reise, der übersinnlichen, religiösen Levitation an und entlarvt dabei die vom Menschen geschaffenen Fluggeräte als melancholieschwangere Prothesen einer Menschheit auf der Suche nach der Vollkommenheit – in der Kunst genauso wie in der perfekten Maschine. Lu Qing arbeitet in der Logik einer solchen Maschine: Jeden Tag setzt sie sich an ihre kostbare Stoffbahn und malt mit schwarzer Tinte entlang der gewobenen Seidenstruktur ein Quadrat. In immer gleicher Form bezeichnen diese die Länge eines Tages, beschreiben aber jedes anders als das nächste eine eigene Struktur. Lus malerisches System basiert auf Traditionen chinesischer Philosophie und der Konkreten Kunst, nutzt die perfekte Form des Quadrates wie Albers oder Malewitsch, um Malerei als bewegte Materie in der Zeit zu erkennen und auf ihre Basis zu reduzieren.**14** Zeit wird somit sichtbar, für die Besucher abschreitbar, Geschwindigkeit auf *slowest motion* reduziert. Der Wunsch von Sten Nadolnys Romanfigur Franklin scheint hier geradezu eingelöst: sich selbst so weit zu reduzieren und zu verlangsamen, dass jeder einzelne Tag nur mehr ein Flackern wäre.**15** Auch Anri Sala und Ed Ruscha sprechen von Dissonanzen der Zeit und bringen die Geschwindigkeit mit der Langsamkeit zusammen. Anri Salas *Time After Time* zeigt den Esel, das Sinnbild einer vergangenen, vormotorisierten Zeit, an einem gottverlassenen Ort am Rande einer Autobahn. Mitten in der Nacht scheint dieses Wesen aus einer anderen Welt hier gelandet. Ausgesetzt und verletzlich erkennt das Publikum im Zittern seiner Glieder die Qual des überholten Alters in einer rasenden Zeit. Ebenso bedrohlich, wenn auch mit dem Galgenhumor einer Moritate, grüßt *HIGH-SPEED GARDENING* das Publikum schon von Weitem und nimmt die Besucher mit zur Auseinandersetzung zwischen Lust und Frust, zwischen Geschwindigkeit, Rausch und Zerstörung und führt nachdenklich zurück zur mitreißenden Bewegung der Zeit.

Die Ausstellung versammelt Bilder wandelbarer Systeme und Universen, die durch das Mittel der Geschwindigkeit sichtbar werden. Zur Finissage wird im Sinne des eingangs erwähnten *Messen-Wollens* der gesamte Raum einem Versuch ausgesetzt, Werke, Inhalt und Ort in Beziehung zu setzen und zu dynamisieren: Mit les gens d'Uterpan um die beiden experimentellen Choreografen Annie Vigier und Franck Apertet wurde eine Gruppe von Tänzern gewonnen, die im Protokoll *X-Event 2.4 according to the protocol Les courses* Geschwindigkeit als Grenzerfahrung räumlich fühlbar machen und in seine elementaren Bestandteile von Kraft, Energie, Zeit, Ausdehnung und Erschöpfung aufteilen. Auch Billy Roisz, die mit der Arbeit *brRRMMMWHEee* im Rahmen des Filmfestivals der Diagonale einen filmischen Sonderbeitrag im dunklen Bauch (Space03) des Kunsthauses Graz zum Thema umsetzt, spaltet Ton und Bild auf 8 Monitore auf und vermittelt dabei ein nicht nur visuelles, sondern geradezu körperliches Empfinden von Geschwindigkeit. Wie in der Ausstellung insgesamt, formuliert sich eine Art Groteske, in der sich Bilder der Hin- und Hergerissenheit bündeln. Faszination und Widerstand lösen sich ab, genau wie Langsamkeit und Geschwindigkeit. Scheinbar absurde Wünsche sind Ausdruck einer menschlichen Ursehnsucht nach dem Sublimen. So führen die Ausstellung und das Thema die Besucher im Kreis. Das Spiel um die Geschwindigkeit steuert vom Losrennen zum Einfangen. Vom mutigen Schnellen zum kühnen Langsamen und kann – bis zum definitiven Auspendeln – wieder beginnen.

13 „Ich hatte dieses Poster in den vergangenen Jahren bei mir zu Hause in New York an der Wand hängen, mit einer aufgeklebten Concorde, die über Ches Kopf schwebte. Das war mein Beitrag zum Bild. Ich leistete ihn in jenem Jahr, als die Concorde aus dem Verkehr gezogen wurde. Als kleine traurige Reverenz an das Ende von ... Sie wissen schon ... dieser Art von Schönheit und Idealismus. Und beide zusammen, der perfekte Revolutionär und das perfekte Flugzeug, wie sie gemeinsam in unserer Erinnerung verblassen." In: Aleksandra Mir und Jim Fitzpatrick: *Not everything is always Black or White*. Art Space, Dublin, Jänner 2005.

14 Vgl. Berhard Fibicher, Matthias Frehner: *Mahjong. Chinesische Gegenwartskunst aus der Sammlung Sigg*. Ostfildern-Ruit: Hatje Cantz Verlag 2005, S. 294.

15 Sten Nadolny: *Die Entdeckung der Langsamkeit*. 39. Aufl. München/Zürich: Piper 2005 , S. 27.

Index

Gwenaël Bélanger,
Le Faux Mouvement, 2008
Gicléedruck; drei Teile
zu je 100 × 269 cm
Courtesy des Künstlers und
NETTIE HORN

Christian Eisenberger, *Echo*, 2010
Installation: Video und Malerei
Courtesy des Künstlers

Peter Fischli und David Weiss,
Der Lauf der Dinge, 1986/87
Film; 30 min
Kamera: Pio Corradi;
Produktion: T&C Film
Courtesy Galerie Eva Presenhuber,
Zürich; Sprüth Magers Berlin London;
Matthew Marks Gallery, New York

Daniel Hafner, *Carousel*, 2010
Installation: Karussell, Sensor,
Vorhänge, Lautsprecher,
Computer; 2,4 × 7 × 7 m
Courtesy des Künstlers

Daniel Hafner, *Road*, 2006
Installation: Lautsprecher,
Computer; Maße variabel
Courtesy des Künstlers

Carsten Höller, *Slide House Project (Riviera Beach Hotel Accra No. 1/1 17. Februar 2000)*, 2000
Bleistift, silberner Filzstift auf
Laserprint-Kopie; 27 × 18 cm
Collection Victor Gisler, Zürich

Carsten Höller, *Slide House Project (National Theatre Accra Nr. 2/2 2. Juni 2000)*, 2000
Bleistift, silberner Filzstift
auf Laserprint-Kopie, 27 × 18 cm
Collection Victor Gisler, Zürich

Erika Giovanna Klien, *Studie zum Stiegenhaus Stokowski*, 1932
Bleistift und Aquarell auf Papier;
30,5 × 22 cm
Museum Moderner Kunst Stiftung
Ludwig Wien

Lu Qing, *Ohne Titel*, 2000/01
Acryl auf Seide; 4670 × 82 cm
Sammlung Sigg

Ernst Mach, *Geschoßfotografien mit Projektilen unterschiedlicher Form und Geschwindigkeit*, 1892
Lichtdruck (nach einer Fotografie);
11,8 × 17,7 cm
(auf Karton; 27,1 × 33 cm)
ALBERTINA, Wien – Dauerleihgabe
der Höheren Graphischen Bundes-
Lehr- und Versuchsanstalt, Wien

Ernst Mach, *Momentfotografie eines fliegenden Geschoßes*, 1893
Lichtdruck (nach einer Fotografie);
11,7 × 17,7 cm (auf Karton; 27 × 33 cm)
ALBERTINA, Wien – Dauerleihgabe
der Höheren Graphischen Bundes-
Lehr- und Versuchsanstalt, Wien

Aleksandra Mir,
Aim for the stars, 2008/09
23 Collagen mit weißgoldenen
Rahmen; 200 × 390 cm
Courtesy Galeria Joan Prats,
Barcelona

Lisi Raskin,
For Any Revolutionary Play, 2010
Sperrholz, Grobspanplatten,
Balsaholz, Acrylfarbe;
Maße variabelCourtesy der Künstlerin
und Milliken Gallery

Ludwig Reutterer, *Tänzerin (Entwurf für ein Plakat)*, 1920
Gouache, Aquarell, Kohle und
Deckweiß auf Papier; 44,8 × 31,8 cm
Wien Museum

Wilhem Rösler, *Autogeräusch*,
um 1920
Kohle und Farbkreide auf Papier;
34,8 × 50 cm
Wien Museum

Billy Roisz, *brRRMMMWHEee – extended version*, 2010
Audio-/Video-Installation;
Sound: Billy Roisz & dieb13
Courtesy der Künstlerin

Ed Ruscha,
High-Speed Gardening, 1989
Graphit und Acryl auf Papier;
102 × 150 cm
Fonds régional d'art contemporain
de Picardie

Anri Sala, *Time After Time*, 2003
Video; 5 min 22 s
Moderna Museet, Stockholm

Roman Signer,
Wettlauf mit Rakete, 1981
Fluss Sitter, St.Gallen
Super-8-Film; 22 s
Courtesy des Künstlers

Roman Signer,
Schweben in einer Kiste, 1999
Video; 6 min 17 s
Pilot: A. Caspari, Kamera:
Aufdi Aufdermauer, Schnitt:
Aleksandra Signer
Courtesy Hauser & Wirth

Roman Signer, *Führung durch die Ausstellung in der Lokremise für den Harley Davidson Club Grace MC*, 2003
Video; 6 min
Produktion: videocompany.ch
Courtesy Hauser & Wirth

Roman Signer, *Zimmer mit Weihnachtsbaum*, 2010
Installation: Holzkonstruktion,
rotierender Weihnachtsbaum,
Schmuck; Motor; 2,8 × 4 × 4 m
Courtesy Galerie Martin Janda –
Raum aktueller Kunst

Xavier Veilhan, *Amish*, 2008
Bemalte Stereolithografie;
Pferd und Wagen: 12 × 10,5 × 34 cm
Courtesy Galerie Emmanuel Perrotin,
Paris

Xavier Veilhan, *Large Carriage*, 2008
Bemalte Stereolithografie;
Pferde und Wagen: 12,5 × 11 × 69 cm
Courtesy Galerie Emmanuel Perrotin,
Paris

Xavier Veilhan, *Amish Boccioni*, 2008
Bemalte Stereolithografie;
Pferd und Wagen: 12 × 12 × 36 cm
Privatsammlung, USA

Xavier Veilhan, *Amish Vibration*, 2008
Bemalte Stereolithografie;
Pferd und Wagen: 12,5 × 10 × 30 cm
Sammlung Jeanroch Dard, Paris

Xavier Veilhan, *Mobile*, 2009
Verbundwerkstoff, Edelstahl,
Farbe; 10 × 10 × 10 m
Courtesy Andréhn-Schiptjenko,
Stockholm; Gering & Lopez Gallery,
New York; Galerie Emmanuel Perrotin,
Paris; Galeria Javier Lopez, Madrid

Stella Weissenberg,
Straßengeräusch, um 1918
Aquarell auf Papier; 31,5 × 45 cm
Wien Museum

Markus Wilfling,
Standortvehikel, 2009
Edelstahl; Durchmesser 140 cm
Privatsammlung Eisenköck

Markus Wilfling, *Wo da ist, muss auch dort sein*, 2010
Videoinstallation, zweiteilig;
Endlosschleife
Courtesy des Künstlers

Annie Vigier & Franck Apertet
(les gens d'Uterpan), *X-Event 2.4 according to the protocol Les courses*, 2010
Performance
Bekleidungsdesign: Vier 5;
Sound: Nicolas Martz
(Baritonstimme Victor Torres)
Spezielle Partner: CAC Brétigny,
Culturesfrance, Institut Culturel
Franco-Autrichien, Graz

Biografien

Gwenaël Bélanger

Geboren 1975 in Rimouski (CA), lebt und arbeitet in Montréal (CA)

Einzelausstellungen (Auswahl)

2009
Casser l'image, Centre d'exposition Expression, Ste-Hyacinthe, Québec
Le Faux Mouvement, La Bande vidéo, Complexe Méduse, Québec

2008
Œuvres récentes, Galerie Graff, Montréal
Poursuivre le hors-champ, Université du Québec à Montréal, Montréal

2006
Courir les rues, Optica, Montréal

2004
Le Point à la ligne, Galerie Graff, Montréal

2003
Chutes, Centre d'artistes Caravansérail, Rimouski

2002
Cible de choix, Centre des arts actuels Skol, Montréal
Choix déchus, Engramme, Québec

Gruppenausstellungen (Auswahl)

2009
The Hidden Land, Nettie Horn, London
Still Revolution, Contact Festival, Toronto Photography Festival, MOCCA – Museum of Contemporary Canadian Art, Toronto

2008
L'imprimé numérique en art contemporain, Sagamie, Alma
L'oreille dans l'œil, L´Œil de Poisson, Québec
La Triennale québécoise – Rien ne se perd, rien ne se crée, tout se transforme, Musée d'art contemporain de Montréal, Montréal

2007
Décoratif! Décoratif?, Wanderausstellung, Musée national des beaux-arts du Québec, Québec
Espace [im] média, Galerie Horace Art actuel, Sherbrooke
Point de vue: René Payant, Galerie Verticale, Laval
Rythmes urbains, Wanderausstellung, Vox, Montréal

2006
La Collection: Acquisitions récentes, Musée d'art contemporain de Montréal, Montréal
Hyperliens, Wanderausstellung, Galerie Graff, Montréal

2005
Manif d'art 3, Manifestation internationale d'art de Québec, Québec
Glissements. Art et écriture, Université du Québec à Montréal, Montréal

2004
Toronto International Art Fair, Galerie Graff, Metro Toronto Convention Center, Toronto
Pancevo Biennial, Serbien und Montenegro

2003
Détournements majeurs, Maison de la Culture Côtes-des-Neiges, Montréal
Triennale L'Art qui fait boum!, Marché Bonsecours, Montréal

2002
Le métissage comme expérience, Phase 2, Maison de la culture Frontenac, Montréal

2001
Signes en déplacement circulaire, Galerie Verticale, Laval

2000
Le métissage comme expérience, Musée régional de Rimouski, Rimouski

Christian Eisenberger

Geboren 1978 in Graz (AT), lebt und arbeitet in Wien (AT)

Ausstellungen (Auswahl)

2007
ARTmART, Künstlerhaus, Wien
Neue Galerie, Graz
40 tage leben/arbeiten/fasten, Kirche St. Andrä, Graz
UREX – best before..., Galerie Altnöder, Salzburg
Ship of Fools, Kunstpavillon, Innsbruck
UREX, Galerie Viktor Bucher, Wien
Skulptur im öffentlichen Raum, Marseille/Glasgow
Lange nicht gesehen, Museum auf Abruf, Wien

2006
Eau de Cologne, Werftgalerie, Wien
Medienturm, Graz
Strange Cargo, Quartier 21, Museumsquartier, Wien
Cologne Fine Art, Sonderschau, Köln
Galerie Lisi Hämmerle, Bregenz
Tanzquartier, Wien
Art Cologne, Köln (mit Galerie Viktor Bucher)
Frieze Art Fair, London (mit Galerie Viktor Bucher)
Syndrom, Antwerpen
Open 2006, Venedig

2005
ViennAfair, Wien
update, Künstlerhaus, Wien
Ihr Gebot ist bindend!, Werftgalerie, Wien
Academy of Fine Arts, Beijing
Projektraum Viktor Bucher, Wien
Betonsalon, Museumsquartier, Wien
Hot Spots, Sammlung Essl, Klosterneuburg
Galerie Eugen Lendl, Graz
MAK, Wien

2004
Künstlerhaus, Klagenfurt
Künstlerhaus, Graz

2003
Art Room, Sankt Petersburg
Kunst Wien, Galerie Klaus Engelhorn, Wien

2002
Galerie Klaus Engelhorn, Wien

Peter Fischli und David Weiss

Peter Fischli, geboren 1952 in Zürich (CH), und David Weiss, geboren 1946 in Zürich (CH), leben und arbeiten in Zürich (CH), Zusammenarbeit seit 1979

Einzelausstellungen (Auswahl)

2009
Museo Nacional Centro de Arte Reina Sofía, Madrid
Sprüth Magers, London

2008
Rubber Sculptures, Skarstedt Fine Art, New York
Peter Fischli/David Weiss. Fragen und Blumen, Deichtorhallen, Hamburg

2007
Kunsthaus Zürich, Zürich
Fischli & Weiss. Fleurs & Questions, Musée d'Art Moderne de la Ville de Paris, Paris
Fischli/Weiss. The Way Things Go, IMA Institute of Modern Art, Brisbane

2006
Tate Modern, London

2003
Museum Boijmans Van Beuningen, Rotterdam

2002
Matthew Marks Gallery, New York
Fragen, Projektionen, Museum Ludwig, Köln

2001
Peter Fischli David Weiss. Airports, Monika Sprüth / Philomene Magers, München

2000
Sichtbare Welt. Plötzlich diese Übersicht: Grosse Fragen – Kleine Fragen, Museum für Gegenwartskunst, Basel

1996
Peter Fischli and David Weiss In a Restless World, Walker Art Center, Minneapolis; Wanderausstellung

1995
Arbeiten im Dunkeln, Schweizer Pavillon, La Biennale di Venezia, Venedig; Kunsthaus Zürich, Zürich

1992
Musée National d'Art Moderne, Centre Georges Pompidou, Paris

1991
Wiener Secession, Wien

1987
Museum of Contemporary Art, Los Angeles

1985
Kunsthalle Basel, Basel

Gruppenausstellungen (Auswahl)

2009
Romantische Maschinen – Kinetische Kunst der Gegenwart, Georg Kolbe Museum, Berlin
The Making of Art, Schirn Kunsthalle, Frankfurt/Main

2008
Biennale of Sydney, Sydney
Life on Mars, the 55th Carnegie International, Carnegie Museum of Art, Pittsburgh

2006
UBS Openings – Photography from the UBS Collection, Tate Modern, London
Nothing Lasts Forever, Istanbul Museum of Modern Art, Istanbul

2005/06
Faites vos jeux! Kunst und Spiel seit Dada, Migros Museum für Gegenwartskunst, Zürich; Akademie der Künste, Berlin; Kunstmuseum Liechtenstein, Vaduz

2003
La Biennale di Venezia, Venedig

2002/03
Moving Pictures, Solomon R. Guggenheim Museum, New York; Guggenheim Museum Bilbao, Bilbao

1997
documenta X, Kassel

1988
Aperto, La Biennale di Venezia, Venedig

1987
documenta 8, Kassel

Daniel Hafner

Geboren 1979 in Deutschlandsberg (AT), lebt und arbeitet in Wien (AT)

Ausstellungen (Auswahl)

2009
Bjcem Association - 14th Biennale of Young Artists, Skopje

2008
shame, Neue Galerie, Graz
Platzen Plötzlich, Aktionstheater-ensemble, Landestheater, Bregenz/Semper-Depot, Wien
Klub Moozak, FLUC, Wien

2007/08
Kunstverein das weisse haus, Wien

2006
Erzählungen: -30/+65 Zwei Generationen, Kunsthaus Graz, Graz (Kat.)
Zeitgenössische Kunst im Parlament, Parlament, Wien
Periphere Strukturen, steirischer herbst, Kunsthalle, Feldbach
It's Playtime!, Gallery of Contempotary Art, Celje (Kat.)
Vista Point, Kunstverein Medienturm, Graz
Biennale Intergraf Alpe-Adria, Udine

2005
Elevate Festival, Leemusic.org, Graz
Über die Farbe und ihre Bedeutung in der Kunst, Künstlerhaus, Graz
s/w, Forum Stadtpark, Graz
ReModerne, Lange Nacht der Musik, Künstlerhauskino, Wien
Literaturpreis/Fest, Retzhof, Leibnitz

2004
fly high, Kunstverein Medienturm, Graz
A/V Winterstrand, Veilchen, Forum Stadtpark, Graz

2002
Die Photographie, Retzhof, Leibnitz
Musikdilettanten, steirischer herbst, herbstbar, Graz

2001
3 elektrische Galerien, steirischer herbst, Galerie & Edition Artelier, Graz
FARBEbekennen, steirischer herbst, Kulturstock K3 K.U.L.M., Pischelsdorf
springone – festival for electronic art and music, Graz
Kunst auf Zeit, Gruppe77, Graz

2000
A/V Kollision, Forum Stadtpark, Graz

1999
Musikprotokoll, steirischer herbst, Graz

Carsten Höller

Geboren 1961 in Brüssel (BE), lebt und arbeitet in Stockholm (SE)

Einzelausstellungen (Auswahl)

2010
Divided Divided, Museum Boijmans Van Beuningen, Rotterdam

2009
Double Slide, Museum of Contemporary Art, Zagreb
Vogel Pilz Mathematik, Esther Schipper, Berlin
Reindeers & Spheres, Gagosian Gallery, Beverly Hills

2008
The Double Club, Fondazione Prada, London
Carrousel, Kunsthaus Bregenz, Bregenz

2007
Double Shadow, Air de Paris, Paris
Carsten Höller & Karsten Höller, Gagosian Gallery, London
Neon Circle, Henry Art Gallery, Seattle

2006
Unilever Series: Carsten Höller, Turbine Hall, Tate Modern, London

2005
Die innere Konkurrenz, Esther Schipper, Berlin
Upside Down Mushroom Room, MOCA, Los Angeles

2003
Portikus, Frankfurt
Half Fiction, ICA, Boston

2002
Deux Paris, Air de Paris, Paris

2001
INSTRUMENTE aus dem Kiruna Psycholabor, Schipper & Krome, Berlin

1998
Gift (Poison), Camden Art Center, London
Neue Welt, Museum für Gegenwartskunst, Basel

1996
Skop, Wiener Secession, Wien

Erika Giovanna Klien

Gruppenausstellungen (Auswahl)

2010
Eat Art, Kunstmuseum, Stuttgart
The *Promises of the Past/ Les Pormesses du Passé*, Centre Pompidou, Paris
Galerie im Taxispalais, Innsbruck
Crash, Gagosian Gallery, London

2009
All Creatures Great and Small, Zacheta Narodowa Galeria Sztuki, Warschau
Die Kunst ist super!, Nationalgalerie im Hamburger Bahnhof, Museum für Gegenwart, Berlin

2008
In Living Contact, Bienal de Sao Paulo, Pavilhão Ciccillo Matarazzo
theanyspacewhatever, Guggenheim Museum, New York
Thyssen-Bornemisza Art Contemporary: Sammlung als Aleph, Kunsthaus Graz, Graz

2007
Il Tempo del Postino – A Group Show, Airs de Paris, Centre Pompidou, Paris
I am Future Melancholic, Tate Modern, London; Go Gallery, Mailand

2005
Schwedischer Pavillon (mit Miriam Bäckström), La Biennale di Venezia, Venedig
Ecstasy, MoCA, Los Angeles

2004
Carnegie International, Carnegie Museum of Art, Pittsburgh

2003
Den sista bilden, Miriam Bäckström & Carsten Höller, Moderna Museet, Stockholm
Utopia Station & Delay and Revolution, La Biennale di Venezia, Venedig

1997
documenta X, *Ein Haus für Schweine und Menschen* (mit Rosemarie Trockel)

1993
Aperto 93, La Biennale di Venezia, Venedig

Geboren 1900 in Borgo di Val Sugano (IT), gestorben 1957 in New York (US)

1919–1924/25
Studium an der Kunstgewerbeschule Wien, u.a. in der Abteilung Ornamentale Formenlehre bei Franz Čižek

1922/23
Schauspielschule
Beginn der Arbeit an einem Kinetischen Marionettentheater

ab 1926
Unterricht an der Elizabeth-Duncan-Schule in Klessheim

1929
Umzug nach New York
Unterricht am Stuyvesant Neighborhood House, an der Dalton School, der New School for Social Research und an der Spence School

1932
Schriften zur Kunsterziehung

1934/35
theoretische Schriften zum Unterricht

1938
amerikanische Staatsbürgerin

1940
theoretische Schriften zum Architekturunterricht

ab 1944/45
Tätigkeit als Grafikerin

1946–51
Unterricht an der Walt Whitman School
danach freischaffende Künstlerin

Ausstellungen (Auswahl)

1922/23
Wanderausstellung in den Niederlanden

1923–25
Wanderausstellung in den USA

1923
Dagobert-Peche-Gedächtnis-Ausstellung, Österreichisches Museum, Wien

1925
Internationale Kunstgewerbeausstellung, Paris

1926
Internationale Ausstellung moderner künstlerischer Schrift, Österreichisches Museum, Wien

1927
Künstler im Kunsthandwerk und in der Industrie, Österreichisches Museum, Wien

1928
VI. Internationaler Kunsterziehungskongress, Prag

1929
Ausstellung zum 60jährigen Jubiläum der Kunstgewerbeschule, Wien

1930
erste Einzelausstellung an der New York School for Social Research, New York

1975
Galerie Michael Pabst, Wien

1986
Erika Giovanna Klien und 10 Künstler des Wiener Kinetismus, Galerie Pabst, München

1987
Erika Giovanna Klien. Wien 1900-1957, Museum Moderner Kunst, Wien

2001
Erika Giovanna Klien. Wien 1900–1957 New York, Universität für Angewandte Kunst, Wien

2006
Kinetismus. Wien entdeckt die Avantgarde, Wien Museum, Wien

Lu Qing

Geboren 1965 in Shenyang, Provinz Liaoning (CN), lebt und arbeitet in Beijing (CN)

Einzelausstellungen (Auswahl)

1990
China Art Gallery, Beijing

1989
Longmen Gallery, Taipeh

Gruppenausstellungen (Auswahl)

2009
The State of Things. Brussels/Beijing, BOZAR Centre for Fine Arts, Brüssel

2008
RED Aside: Chinese Contemporary Art of the Sigg Collection, Fundació Joan Miró, Barcelona
Minimalism in Asia is Not Minimalism, Gallery A Story, Busan

2005–07
Mahjong – Chinesische Gegenwartskunst aus der Sammlung Sigg, Kunstmuseum Bern, Bern; Hamburger Kunsthalle, Hamburg; Museum der Moderne, Salzburg

2003
New Zone - Chinese Art, Zacheta National Gallery of Art, Warschau

2001
Between Art and Politics: China's Women Artists, The Women's Museum, Århus
Open Perspective/Ars 01, Kiasma Contemporary Museum, Helsinki

2000
Fuck Off, Eastlink Gallery, Schanghai

1999
L'Invitation à la Chine, Biennale d'Issy, Issy les Moulineaux

1998
Concept and Image, China Art Archives and Warehouse, Beijing

1997
A Point of Contact, Daegu Art and Culture Hall, Daegu

Ernst Mach

Geboren 1838 Chirlitz (Chrlice, CZ), gestorben 1916 in Vaterstetten (DE) Physiker und Philosoph

1864
Professor für Mathematik, Universität Graz

1866
Professor für Physik, Universität Graz

1867
Professor für Physik, Karl-Ferdinands-Universität Prag (1879/80, 1883/84 Rektor)

1895–1901
Professur für Philosophie, insbesondere Geschichte der induktiven Wissenschaften, Universität Wien

1913
Umzug zu seinem ältesten Sohn und Assistenten Ludwig (1868–1951) nach Vaterstetten bei München

Wissenschaftliche Leistungen:
Mach bestätigte den Dopplereffekt im Experiment und schuf das machsche Gesetz durch Untersuchung schnell fliegender Projektile. Die nach ihm benannte Mach-Zahl bezeichnet das Verhältnis der Geschwindigkeit eines Körpers zur Schallgeschwindigkeit. Daneben führte er optische Experimente durch. Im Sommer 1886 gelang es Mach erstmals, mittels der von Toepler entwickelten Schlierenfotografie und Momentografie Verdichtungskegel aus Luft vor Projektilen sichtbar zu machen. In philosophischer Hinsicht war sein Denken durch eine empirische Grundhaltung, die Orientierung an naturwissenschaftlichen Ergebnissen und die Konzentration auf Fragen der Messbarkeit bestimmt; die Philosophen des Wiener Kreises bezogen von Mach wichtige Impulse. Zu Machs schärfsten Kritikern zählte Max Planck.

Aleksandra Mir

Geboren 1967 in Lubin (PL), schwedische und US-amerikanische Staatsbürgerin, lebt und arbeitet in Palermo (IT)

Einzelausstellungen (Auswahl)

2009
The Dream and The Promise, Galería Joan Prats, Barcelona
The How Not To Cookbook - lessons learned the hard way, Collective Gallery, Edinburgh
Triumph, Schirn Kunsthalle, Frankfurt
Plane Landing – Photography, Galerie Laurent Godin, Paris

2008
Mandalas and Incense holders, Lisboa20 Arte Contemporanea, Lissabon *White House*, Mary Boone Gallery, New York
Plane Landing in Paris, Paris
Cops and Teen, Saatchi Gallery Project Room, London
Plane Landing, Flughafen Zürich, organisiert vom Kunsthaus Zürich

2007
A Retrospective of Printed Matter, Printed Matter Inc, New York
Newsroom 1986–2000, Mary Boone Gallery, New York
Sizilianischer Pavillon, Palermo/Venedig

2006
Living & Loving #3 - The biography of Mitchell Wright, White Columns, New York
Switzerland and Other Islands, Kunsthaus Zürich, Zürich

2005
Aeropuerto, Galería Joan Prats, Barcelona

Gruppenausstellungen (Auswahl)

2009
Weltraum als Fluchtlinie, Kunstverein, Wolfsburg
Making Worlds, La Biennale di Venezia, Venedig
The End, Andy Warhol Museum, Pittsburgh
The Chance Encounter, SASA Gallery South Australian School of Art, Adelaide
Shifting Identities. (Swiss) Art Now, Contemporary Art Center (CAC), Vilnius
This is Not America, El Descanso del Guerrero, Toa Baja
Deep Green, Oslo Plads, Kopenhagen
Vague Terrain: Analogues of Place in Contemporary Photography, The FLAG Art Foundation, New York

2008
Ours: Democracy in the age of branding, The Vera List Center, New York
Making a Scene, Fondazione Morra Greco, Neapel
God is Design, Galpão Fortes Vilaça, São Paulo

2007
The Shapes of Space: Part IV, Solomon R. Guggenheim Museum, New York
First Friday Films, Fresno Metropolitan Museum, Fresno
Detourism, Orchard, New York

2006
USA Today, Royal Academy of Arts, London
Empieza el juego, La Casa Encendida, Madrid
Nothing but pleasure, BAWAG Foundation, Wien

2005
Return To Space, Hamburger Kunsthalle, Hamburg
Someone somewhere is furiously traveling towards you, La Casa Encendida, Madrid

Lisi Raskin

Geboren 1974 in Miami (US), lebt und arbeitet in Brooklyn (US)

Einzelausstellungen/Projekte (Auswahl)

2009
Launched-on-Tactical-Warning, Riccardo Crespi, Mailand
Armada, Workspace Series, The Blanton Museum, University of Texas, Austin

2008
Mobile Observation Station, 25th Street, Under the High Line, New York
Mobile Observation Station (Receiving Station), Bard Center for Curatorial Studies/Hessel Museum, Annandale-on-Hudson
Command and Control, ADAA Fair, New York
Topside, Milliken Gallery, Stockholm

2007
Switchyard, Guild & Greyshkul, New York
Project Esrange (and other research), Signal Galleri, Malmö; Gävle Konstcentrum, Gävle

2006
High Positive Void Coefficient, Ricardo Crespi Gallery, Mailand
Jack Shack (Dirty Bomb), PS1 MoMA, Long Island City

2005
Observation Station, Transmission Gallery, Glasgow
Art Forum Berlin, Berlin
Parallel Telegram, Künstlerhaus Bethanien, Berlin

Gruppenausstellungen (Auswahl)

2008
Soft Manipulation, Casino Luxembourg, Luxemburg
Katastrophenalarm, NGBK, Berlin
The Possibility of an Island, Museum of Contemporary Art, Miami
Through a Glass, Darkly, Redline Inaugural Exhibition, Denver

2007
Green Dreams, Kunstverein, Wolfsburg (Kat.)
Formalities, IASPIS Project Space, Stockholm (Kat.)
The Line of Time + The Plane of Now, Wallspace and Harris Lieberman Gallery, New York
Pensée Sauvage, Frankfurter Kunstverein/Ursula Blickle Stiftung, Frankfurt (Kat.)
Jardins d'Amis, Immenance, Paris
Sonotube Forms: Contemporary Art and Transport, Santa Barbara Contemporary Arts Forum, Santa Barbara

2006
Written in Light, Bloomberg LP, New York

2005
Atomica, Lombard Freid, New York
Hunch and Flail, Artists Space, New York
Greater New York 2005, PS1 MoMA, Queens (Kat.)

2004
December 13th Group, Artist's Space, New York
Salad Days, Artist's Space, New York
Art in the Office, Global Consulting Group, New York

2003
Research Station: High Desert Test Sites 3, Joshua Tree
24/7, Contemporary Art Center, Vilnius
MFA Thesis Exhibition, Columbia University, New York

2002
Escape, Egizio's Project, New York
Ides of March Biannual, ABC No Rio, New York

Ludwig Reutterer

Geboren 1893 in Wien (AT), gestorben 1985 in Wien (AT)

1903–07
Besuch der Versuchsschule für Zeichenunterricht

1908–12
Buchbinder- und Druckerlehre, Abendkurse in der Grafischen Lehr- und Versuchsanstalt

1912–14
Reklamezeichner in Berlin

ab 1914
Studium an der Kunstgewerbeschule Wien in der Allgemeinen Abteilung bei Anton Kenner und Kurs für Ornamentale Formenlehre bei Franz Čižek

ab 1916
Kriegsdienst

1918/19
italienische Kriegsgefangenschaft

1919
Wiederaufnahme des Studiums

bis 1923
Kurse bei Wilhelm Müller-Hofmann, Adele von Stark und Čižek

ab 1921
Lehrer an der Bundeserziehungsanstalt in der Wiener Neustadt, wendet Čižeks Kunstpädagogik an

1929
Beteiligung an der Ausstellung zum 60jährigen Bestehen der Kunstgewerbeschule

ab 1934
Lehrer in Klagenfurt, Heirat mit Therese Keiml
nach dem Tod der Frau 1973 wieder Beschäftigung mit dem Kinetismus

Wilhelm Rösler

Geboren 1894 in Kamenický Šenov/ Steinschönau (CZ)

Besuch der Staatsfachschule für Glasindustrie in Steinschönau

ab 1913/14
Studium an der Kunstgewerbeschule Wien bei Adolf Boehm, Oskar Strnad und Rudolf von Larisch sowie im Kurs für Ornamentale Formenlehre bei Franz Čižek

1920/21
Ornamentkurs bei Čižek
Studium der Malerei bei Adolf Boehm und in der Keramik-Werkstätte bei Michael Powolny

1922/23
Fachklasse für Architektur bei Josef Hoffmann.

Billy Roisz

Geboren 1967, lebt und arbeitet in Wien (AT)
Video- und Klangexperimente im Kontext Performance, Installation und Kino

Mitglied von
SKYLLA (mit Silvia Faessler), NotThe-SameColor (mit dieb13), AVVA (mit Toshimaru Nakamura), CILANTRO (mit Angelica Castello), subshrubs (mit Angelica Castello/Maja Osojnik/ Katharina Klement), eh (mit dieb13/ Burkhard Stangl)

Performances mit
Martin Siewert, Anat Stainberg, Sachiko M., Alvin Lucier, Martin Brandlmayr, Otomo Yoshihide, eRikm, Peter Kutin, Jan Machacek, Michaela Grill, Nic Collins, Metamkine

Film- und Musikfestivals (Auswahl)

2009
Edinburgh Film Festival, Edinburgh

2009, 2007, 2005, 2002/03
IFF, Rotterdam

2009, 2006
donaufestival, Krems

2008, 2005
EXIS, Seoul

2008, 2003
Imageforum, Tokyo

2007
LMC Festival, London; Relay, Seoul; The Long Weekend, Tate Modern, London; Kill Your Timid Notion, Dundee

2007, 2002–05
SONAR, Spanien

2006
Taktlos, Zürich

2006, 2002-04
avantoscope, Finnland

2005
FBI, Osaka; SONIC ACTS, Amsterdam; UNYAZI, Johannesburg

2004
Tampere Film Festival; Ann Arbor Film Festival; Feedback: Order from Noise, Norwich

Videoarbeiten (Auswahl)

2009
close your eyes (Sound: dieb13)
TILT (Sound: Xentos'Fray'Bentos/S. Washington/K. Aufermann/B. Roisz)

2008
NOT STILL (Sound: eRikm/dieb13)

2006
elesyn 15.625 (Sound: dieb13/T. Nakamura/K. Aufermann/S. Washington/B. Roisz)
AVVA:ragtag (AVVA)

2005
BYE BYE ONE (NotTheSameColor)

2004
broadway (NotTheSameColor)
sources (Sound: Otomo Y./ M. Siewert/M. Brandlmayr/ Sachiko M./A. Krebs/A. Neumann/ A. Dörner/rossi)

2003
-2.20 (Sound: dieb13)
my kingdom for a lullaby #2 (mit Michaela Grill/Sound: M. Siewert/ C. Kurzmann/T. Nakamura)
i/o (dieb13/B. Stangl/B. Hauf)

2002
blinq (div. Klangkünstler)

Diskografie (Auswahl)

2008
SKYLLA, Silvia Fässler & Billy Roisz, CD, DeMEGO 001

2006
gdansk queen, AVVA (Toshimaru Nakamura & Billy Roisz), DVD, erstwhile 048

2006
krom, efzeg (Stangl/Hauf/Siewert/ dieb13/Roisz), CD, hatOLOGY 623

Ed Ruscha

Geboren 1937 in Omaha, Nebraska (US), lebt und arbeitet in Los Angeles (US)

Ausstellungen (Auswahl)

2009
Ed Ruscha: Fifty Years of Painting, Hayward Gallery, London; Haus der Kunst, München; Moderna Museet, Stockholm

2006/07
Ed Ruscha photographe, Galerie nationale du Jeu de Paume, Paris; Kunsthaus, Zürich; Museum Ludwig, Köln

2005
Repräsentant der USA, La Biennale di Venezia, Venedig

2004
Cotton Puffs, Q-tips®, Smoke and Mirrors: The Drawings of Ed Ruscha, The Whitney Museum of American Art, New York; Museum of Contemporary Art, Los Angeles; National Gallery of Art, Washington, D.C.
Ed Ruscha and Photography, The Whitney Museum of American Art, New York
Ed Ruscha, Museum of Contemporary Art, Sydney; Museo Nazionale delle Arti del XXI Secolo, Rom; Scottish National Gallery of Modern Art, Edinburgh

2003
Erste umfassende Monografie über den Künstler von Richard Marshall

2002
Ed Ruscha. Made in Los Angeles, Museo Nacional Centro de Arte Reina Sofia, Madrid
Leave Any Information at the Signal, Publikation mit Schriften des Künstlers, herausgegeben von MIT Press

1999
Edward Ruscha Editions 1959–1999, Walker Art Center, Minneapolis

1998
J. Paul Getty Museum, Los Angeles

1989
Centre Georges Pompidou, Paris

1982/83
The Works of Edward Ruscha, San Francisco Museum of Modern Art, San Francisco; Whitney Museum of American Art, New York; Los Angeles County Museum of Art, Los Angeles

1978
Auckland City Art Gallery, Auckland

1975
Edward Ruscha: Prints and Publications 1962–74, zwölf Galerien in Großbritannien

1974
American Pop Art, Gruppenausstellung, Whitney Museum of American Art, New York

1973
Leo Castelli, New York

1972
Edward Ruscha (Ed-werd Rew-shay) Young Artist, Minneapolis Institute of Arts, Minneapolis

1967
Gunpowder Drawings, erste Personale in New York, Alexander Iolas Gallery, New York

1966
Los Angeles Now, erste Gruppenausstellung in Europa, Robert Fraser Gallery, London

1965
Word and Image, Gruppenausstellung, Solomon R. Guggenheim Museum, New York

1963
Erste Einzelausstellung, Ferus Gallery, Los Angeles

Anri Sala

Geboren 1974 in Tirana (AL), lebt und arbeitet in Berlin (DE)

Einzelausstellungen (Auswahl)

2009
Answer Me, Johnen Galerie, Berlin
Purchase Not By Moonlight, Contemporary Arts Center, Cincinnati; Museum of Contemporary Art, North Miami Beach

2008
Museion, Bozen
Galerie Chantal Crousel, Paris

2007
Anri Sala: Air-Cushioned Ride, Johnen Galerie, Berlin
A Second Look, Hauser & Wirth, London
Marian Goodman Gallery, New York
Galerie Rüdiger Schöttle, München

2005
Long Sorrow, Fondazione Nicola Trussardi, Mailand
Dammi I Colori, DAAD-Galerie, Berlin
Anri Sala – Artist in Focus, Museum Boijmans Van Beuningen, Rotterdam

2004
Wo sich Fuchs und Hase gute Nacht sagen, Deichtorhallen, Hamburg
Now I See, Art Institute, Chicago
Entre chien et loup/When the Night Calls it a Day, Musée d'Art moderne de la Ville de Paris, Paris

2003
Kunsthalle Wien, Wien
Castello di Rivoli, Turin

2002
Concentrations, Dallas Museum of Art, Dallas

2000
De Appel Foundation, Amsterdam

Gruppenausstellungen (Auswahl)

2009
The Spirit of the Haus – 20 Jahre Haus der Kulturen der Welt, The House of World Cultures, Berlin
The Collection, Siobhan Davies Dance & Victoria Miro Gallery, London; Ikon Gallery, Birmingham
Monument to Transformation, City Gallery, Prag
Gender Check, MUMOK – Museum Moderner Kunst Stiftung Ludwig Wien, Wien

2008
Euro-Centric Part 1, Rubell Family Collection, Miami
Eclipse – Art in a Dark Age, Moderna Museet, Stockholm

2007
Air de Paris, Centre Pompidou, Paris
Moscow Biennale of Contemporary Art, Moskau

2006
Slow Motion, Museum Boijmans Van Beuningen, Rotterdam
Zones of Contact, Sydney Biennale, Sydney
Berlin Biennale, Berlin

2004
Time Zones: Recent Film and Video, Tate Modern, London
Point of View, New Museum of Contemporary Art, New York

2003
Fast Forward, ZKM, Karlsruhe
La Biennale di Venezia, Venedig

2002
Bienial de São Paulo, São Paulo
In Search of Balkania, Neue Galerie, Graz

2001
La Biennale di Venezia, Venedig

2000
Media City Seoul 2000, Seoul Metropolitan Museum, Seoul
Manifesta 3, Ljubljana

1999
After the wall, Moderna Museet, Stockholm
Albanischer Pavillon, La Biennale di Venezia, Venedig

1995
Tunnel 95, National Gallery, Tirana

Roman Signer

Geboren 1938 in Appenzell (CH), lebt und arbeitet in St. Gallen (CH)

Ausstellungen (Auswahl)

2009
Roman Signer. Werke 1975 – 2007. Schenkung Christine und Peter Kamm, Kunsthaus Zug, Zug
Der letzte Schnee, Häusler Contemporary, München
Roman Signer. Projektionen: Super-8-Filme und Videos 1975–2008, Hamburger Kunsthalle, Hamburg

2008
Galerie Martin Janda, Wien
Roman Signer. Projektionen, Helmhaus Zürich, Zürich
Roman, Hauser & Wirth, London

2007
Roman Signer. Sculpting in time, Artspace, Auckland & St. Pauls St. Gallery, Auckland
Roman Signer. Werke aus der Friedrich Christian Flick Collection, Hamburger Bahnhof, Berlin
Roman Signer. Travel Pictures, Photographs – Videos – Sculpture, Langhans Galerie Praha, Prag

2006
Roman Signer. Kunstpreis Aachen 2006, Ludwig Forum für international Kunst, Aachen
Centre Culturel Suisse, Paris

2005
Roman Signer. Esculturas e instalación, CGAC Centro Galego de Arte Contemporánea, Santiago de Compostela

2003
Roman Signer. Video works, Galerija Skuc, Ljubljana
Roman Signer. Arbeiten, Sammlung Hauser & Wirth in der Lokremise St. Gallen, St. Gallen

2002
Roman Signer. Recent Works, Shiseido Galleries, Tokio
IFF, Houston

1999
Schweizer Pavillon, La Biennale di Venezia, Venedig
Roman Signer. Works 1971–2000, Bonnefantenmuseum, Maastricht
Roman Signer. Installationen, Secession, Wien

1997
Roman Signer. Ich war hier, The Swiss Institute, New York

1996
Roman Signer. Works, Goldie Paley Gallery, Moore College of Art and Design, Philadelphia

1993
Skulptur, Kunstmuseum St. Gallen, St. Gallen

1990
Roman Signer. Aktion mit einer Zündschnur Appenzell-St. Gallen, 1989, ein Rückblick, Galerie Agathe Nisple, St. Gallen; Galerie Stampa, Basel
Roman Signer. Sculpture made by Telephone, Galerie Colin de Land, New York

1985
Roman Signer. Schnelle Veränderungen, Künstlerhaus, Stuttgart

1981
Roman Signer. Filminstallation, Centrum Sztuki, Galeria Studio, Warschau; Kunsthaus Zürich, Zürich

1977
Roman Signer. Zeichnungen und Objekte aus den Jahren 1976 – 1978, Galerie Wilma Lock, St. Gallen

1976
Galerie Maurer, Zürich

1973
Roman Signer. Objekte/Konstruktionen, Galerie Wilma Lock, St. Gallen

Xavier Veilhan

Geboren 1963 in Lyon (FR), lebt und arbeitet in Paris (FR)

Einzelausstellungen/Projekte (Auswahl)

2010
Xavier Veilhan, Mucsarnok Kunsthalle, Budapest

2009
Veilhan Versailles, Schloss Versailles, Versailles
Le sort probable de l'homme qui avait avalé le fantôme, La Conciergerie, Paris

2008
Furtivo, Galerie Emmanuel Perrotin, Paris; Pinacoteca Giovanni e Marella Agnelli, Turin
Sophie, Costes Restaurant L'Arbuci, Paris

2007
Metric, Gering & López Gallery, New York
Andréhn-Schiptjenko, Stockholm

2006
Les Habitants (mit Renzo Piano Building Workshop), Palais des Congrès de la Communauté Urbaine de Lyon, Lyon
Miami Snowflakes, Galerie Emmanuel Perrotin, Miami
Sculptures automatiques, Galerie Emmanuel Perrotin, Paris

2005
Le Projet Hyperréaliste, Rose Art Museum, Brandeis University, Waltham; National Academy Museum, New York

2004
Vanishing Point, Espace 315, Centre Pompidou, Paris
Light Machines, Fondation Vasarely, Aix-en-Provence; Ecuries de Saint-Hugues, Cluny
Big Mobile, Forum, Centre Pompidou, Paris

2003
Keep The Brown, Sandra Gering Gallery, New York

2002
Barbican Art Gallery, London

2000
La Ford T, Centre Pompidou, Paris
The Rhinoceros, Yves St. Laurent, New York

1997
Sandra Gering Gallery, New York

Gruppenausstellungen (Auswahl)

2009
N' importe Quoi, Musée d'Art contemporain de Lyon, Lyon
Dream Time, Les Abattoirs, Toulouse
Mejan Labs Art Exhibition, Stockholm

2008
Everything else, Franklin Parrasch Gallery, New York
Destruction Party, Royal Monceau Palace Hotel, Paris

2007
The Incomplete, Chelsea Art Museum, New York
Airs de Paris, Centre Pompidou, Paris

2006
La force de l'art, Grand Palais, Paris
Thank you for the music, Simon Lee Gallery, London
Viktor Pinchuk Foundation, Kiew

2005
De lo Real y lo Ficticio: Arte contemporaneo de Francia, Museo de Arte Moderno de Mexico, Mexico City; Bass Museum, Miami

2004
Contrepoint, Musée du Louvre, Paris

2002
Audiolab 2, Palais de Tokyo, Paris
Light X Eight, Jewish Museum, New York

1999
Abracadabra, Tate Gallery, London

1998
Premises, Guggenheim Museum, New York

1997
Need for Speed, Kunsthalle, Graz

Stella Weissenberg-Junker

Geboren 1901 in Wien (AT), gestorben 1986 in Wien (AT)

1917–21
Studium an der Kunstgewerbeschule Wien

ab 1917
Kurs für Ornamentale Formenlehre bei Franz Čižek und Studium in der Allgemeinen Abteilung bei Adolf Boehm

1918/19
Kurs für Allgemeine Formenlehre bei Karl Witzmann

ab 1919/20
Fachklasse für Architektur bei Oskar Strnad und Baukonstruktionslehre bei Josef Frank

Entwürfe für Bühnenbilder und Kostüme für Wiener Theater:

ab 1925/26
Ronacher (*Madame Pompadour, Das Spiel um die Liebe, Teresina*) und das Johann-Strauß-Theater (*Paganini, Alexandria, Zarewitsch*, Mitarbeit bei der Revue *Schwarz auf Weiß* mit Josephine Baker)

1928
Stadttheater (*Alles aus Liebe*)

1934
Casinotheater (*Laßt die Blumen sprechen*, Revue mit Karl Farkas)

1936/37
Burgtheater (*Donna Diana, Die gefesselte Phantasie*)

1924–38
diverse Arbeiten für die Staatsoper (*Schlagobers, Eine Nacht in Venedig, Boccaccio, Spuk im Schloß, Das Weihnachtsmärchen, Eugen Onegin, Wäschermädltanz, Das Veilchen, Gioconda, Die Flamme, Land des Lächelns*)

Während des Zweiten Weltkriegs in Afrika, gibt Mal- und Zeichenunterricht. Berichtet von Ihren Erfahrungen im Buch *Der Eisstoss. Erzählungen aus den sieben verlorenen Jahren Österreichs* (Hrsg. von Oskar Jan Tauschinski, Mitverf. Kurt Benesch, Wien/München: Verlag Jungbrunnen, 1984). Lebt ab 1975 wieder in Wien.

Markus Wilfling

Geboren 1966 in Innsbruck (AT), lebt und arbeitet in Graz (AT) und Wien (AT)

Einzelausstellungen (Auswahl)

2009
Zwischen Alpha X und Omega, artepari contemporary, Graz
Galerie am Stein, Monika Perzl, Schärding

2008
Die einen und die anderen, Galerie Eugen Lendl, Graz

2007
Zwischen, Projektraum Viktor Bucher, Wien
Spiegelkabinett, Kunsthalle, Krems
Alice is where is Alice, Österreichisches Kulturinstitut, London

2005
Made for Admont, Artist in Residence, Museum für Gegenwartskunst, Benediktinerstift, Admont

2004
Lost in Order, Projektraum Viktor Bucher, Wien

2003
Konturen der Leere, Galerie Eugen Lendl, New Space, Graz
Deleted - New Game - Run, Retzhof, Leibnitz

2001
Die Verabredung, Installation, Neue Galerie, Graz (Kat.)
Kurz und gut, Galerie 4U, Bruck an der Mur
Mehr und weniger, Galerie Eugen Lendl, Graz

2000
Phantom's Room, Galerie CC, Graz

1997
Schattenobjekte, Ausstellungsraum Mezzanin, Wien

1994
Museum Rave, Joanneum Ecksaal, Graz

1989
Interventionen (mit Stefanie), Galerie der Gruppe 77, Graz

Gruppenausstellungen/Installationen (Auswahl)

2009
Air Works, Donaulände, Linz

2008
Glück im Unglück, steirischer herbst, Kunsthaus, Weiz
Readymades today, Steinle Contemporary, München
Internationale Biennale der Miniaturen, Gornji Milanovac

2006
Opera Austria, Luigi Pecci Centre for Contemporary Art, Prato (Kat.)

2005
Forum Festival, Forum Stadtpark, Graz

2004
Niemandsland - Modelle für den öffentlichen Raum, Künstlerhaus, Wien

2003
Schattenobjekt Uhrturm, Graz 2003: Kulturhauptstadt Europas, Graz
wo alles wahr ist, auch das gegenteil, Minoriten Galerien, Graz
Caribbean Winter, MuseumsQuartier/quartier 21, Wien

2001
Ich Tarzan, tu felix Austria, Galerie Christine König, Wien

2000
New Austrian Spotlight, Kunstuniversität, Istanbul

1998
The Normal Ones, Österreichisches Kulturinstitut, London

1995
Internationale Grafikbiennale, Udine (Kat.)

1990
Zwischenstand, Stadtmuseum, Graz (Kat.)

1989
Kunst auf Zeit, Plakataktion der Gruppe 77

Annie Vigier & Franck Apertet – les gens d'Uterpan

Annie Vigier, geboren 1965, und Franck Apertet, geboren 1966, leben und arbeiten in Paris (FR)

Performances

2005–08
X-Event process:

in Zusammenarbeit mit CAC Brétigny und Micadanses, Paris
X-Event 1, Faits d'Hiver Festival, Micadanses, Paris
X-Event 2.1, La vague, CAC, Brétigny
X-Event 2.2, Les corps morts, CAC le Parc saint Léger, Pougues-les-Eaux
X-Event 2.3, Les Chutes, Domaine départemental de Chamarande, Chamarande
X-Event 2.4, Les Courses, Centre International d'Art et du Paysage, Ile de Vassivière
X-Event 2.5, Kama sutra, Biennale d'art contemporain de Lyon, Lyon
X-Event 2.6, Le goût, Biennale d'art contemporain de Lyon, Lyon
X-Event 2.7, Salives, Biennale d'art contemporain de Lyon, Lyon
X-Event 0, Faits d'Hiver Festival, Micadanses, Paris
Auswahl weiterer Veranstaltungsorte: Museum of Modern Art, Warschau; Verbo Festival, Galerie Vermelho, São Paulo; Nam June Paik Art Center, Yongin; Playtime Festival, Paris, Berlin Biennale, Berlin; Musée du Louvre, Paris; Tate Modern, London; FRAC Bourgogne, Dijon; Festival de Performance, Cali

2008 –
re|action process:

Avis d'audition, Artdanthé 2009 Festival, Vanves
Parterre, Artdanthé 2009 Festival, Vanves
Piece in seven parts, CAC, Brétigny
Assis|debout|couché, National Centre of Dance, Pantin
[PIECE THAT BEARS THE NAME AND ADDRESS OF THE PLACE WHERE IT IS PUT ON], [The Notting Hill Arts Club, 21 Notting Hill Gate, W11 3JQ, London, England], in the frame of *Paris Calling, a Franco-British season of performing arts*, London
%, in Zusammenarbeit mit Arnaud Michniak und Damien Bétous, Confort moderne, Poitiers
Caster, The Project Arts Centre, Dublin
Nocturne Démocratie, Faits d'Hiver Festival, Paris
Topologie, im Rahmen von CCN (Centre Chorégraphique National) Franche-Comté, Belfort, Residency-Programm Auswahl weiterer Veranstaltungsorte: Maison des Métallos, Clandestin festival, Paris; Kunsthalle Basel, Basel

Autoren

Andreas Broeckmann, Kunstwissenschaftler, lebt in Berlin und Dortmund. Studierte Kunstgeschichte, Soziologie und Medienwissenschaft in Bochum, Berlin und Norwich und promovierte über Portraitfotografie im 19. Jahrhundert. Gründungsdirektor des *U - Zentrum für Kunst und Kreativität* in Dortmund und Künstlerischer Leiter des *16th International Symposium on Electronic Art*, ISEA2010RUHR. Langjähriger Leiter der transmediale (2001-07) und des medien/kunst/labor tesla. Zuletzt Ausstellungen am Stedelijk Museum, Amsterdam und am Seoul Museum of Art. Seminare, Vorträge und Texte zu Kunst, Technologie, digitaler Kultur und Maschinenkunst des 20. Jahrhunderts.

Renata Salecl, Philosophin und Soziologin, wissenschaftliche Leiterin am Institut für Kriminologie an der Juristischen Fakultät der Universität Ljubljana und regelmäßige Gastdozentin an der Cardozo School of Law in New York. Zudem Gastdozentin an der London School of Economics und am Birkbeck College der University of London. Ihr Buch *On Anxiety* ist vor kurzem ins Deutsche übersetzt worden und unter dem Titel *Über Angst* in Wien im Verlag Turia + Kant erschienen. Ihr neues Buch *Choice* wird demnächst in New York bei Picador und in London bei Profile Books publiziert. Darüber hinaus schreibt sie auch regelmäßig über zeitgenössische Kunst.

Diese Publikation erscheint anlässlich der Ausstellung

Catch Me!
Geschwindigkeit fassen

Kunsthaus Graz
Universalmuseum Joanneum
06. Februar – 25. April 2010

Quellenverzeichnis und Übersetzungen

Katrin Bucher Trantow, Peter Pakesch
Einleitung

Andreas Broeckmann
Ein Fußabdruck im Schlamm. Anmerkungen zur Geschwindigkeitskultur im 20. Jahrhundert

Renata Salecl
Auf der Stelle laufen (übersetzt von Christof Huemer)

Katrin Bucher Trantow
Schnell, mutig und kühn

Copyrights

Kuratorin
Katrin Bucher Trantow

Herausgeber
Peter Pakesch, Katrin Bucher Trantow

Redaktion
Johanna Ortner

Übersetzungen
Paul Aston, Christof Huemer, Otmar Lichtenwörther

Lektorat
Martha Davis Konrad, Bernd Eicher, Stefan Schwar

Grafische Konzeption und Gestaltung
Harald Niessner, visuelle Kommunikation mit Katharina Untertrifaller, Marina Strasser

Corporate Design
Lichtwitz – Büro für visuelle Kommunikation

Drucküberwachung
Michael Neubacher

Lithographie und Druck
Medienfabrik Graz

Papier
Hello Silk 170g, Biotop3 100g, Cyclus 100g, Invercote 300g

Schrift
Tram Joanneum

Mit Unterstützung von
Stadt Graz, Land Steiermark, A1

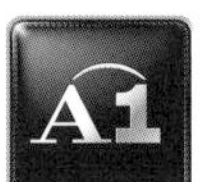

kultur steiermark

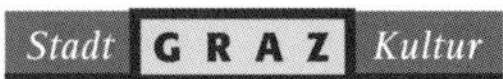

Erschienen im
Verlag der Buchhandlung Walther König, Köln
Ehrenstr. 4, 50672 Köln
Tel. +49 (0) 221 / 20 59 6-53
Fax +49 (0) 221 / 20 59 6-60
verlag@buchhandlung-walther-koenig.de

ISBN 978-3-86560-784-3

Die deutsche Bibliothek verzeichnet diese Publikation in der Deutschen Nationalbibliografie; detaillierte bibliografische Daten sind über http://dnb.d-nb.de abrufbar.

Vertrieb

Schweiz
Buch 2000
c/o AVA Verlagsauslieferungen AG
Centralweg 16
CH-8910 Affoltern a.A.
Tel. +41 (0) 44 762 42 00
Fax +41 (0) 44 762 42 10
a.koll@ava.ch

UK & Eire
Cornerhouse Publications
70 Oxford Street
GB-Manchester M1 5NH
Tel. +44 (0) 161 200 15 03
Fax +44 (0) 161 200 15 04
publications@cornerhouse.org

Außerhalb Europas
D.A.P. / Distributed Art Publishers, Inc.
155 6th Avenue, 2nd Floor
New York, NY 10013
Tel: +1 212-627-1999
Fax: +1 212-627-9484
eleshowitz@dapinc.com

Gedruckt in Österreich

Kunsthaus Graz dankt

Andreas Broeckmann, Renata Salecl

Albertina, Wien: Klaus-Albrecht Schröder, Sonja Eiböck, Monika Faber, Margarete Heck, Ingrid Kastel, Michael Ponstingl

Andréhn-Schiptjenko:
Ciléne Andréhn, Marina Schiptjenko

Atelier Xavier Veilhan: Mahaut de Kerraoul

Galerie Jeanroch Dard, Paris: Jeanroch Dard

Enzyme Design: Yves Malka

Claire Espinosa

FRAC Picardie, Amiens: Yves Lecointre, Caroline Oliveira

Galerie Laurent Godin: Laurent Godin, Ana de Haro

Hauser & Wirth, Zürich: Laura Bechter, Karin Seinsoth

NETTIE HORN, London: Danielle Horn, Marie Favier

Galerie Konzett, Wien/Graz: Susanne Längle

MAI 36 Galerie, Zürich: Victor Gisler, Maya Pfeifer, Gabriela Walther

Andreas Meschuh

Galerie Urs Meile, Beijing/Luzern: Irene Christen, Natalie Colonnello, Enrico Polato

Milliken Gallery, Stockholm

Moderna Museet, Stockholm: Lars Nittve, Margareta Helleberg, Magnus Malmros, Magnus af Petersens

MUMOK – Museum Moderner Kunst Stiftung Ludwig Wien, Wien:
Edelbert Köb, Wolfgang Drechsler, Christa Mittermayr, Alexandra Pinter

Neue Galerie Graz: Günther Holler-Schuster

Galerie Emmanuel Perrotin, Paris/Miami: Emmanuelle Orenga de Gaffory

Galeria Joan Prats, Barcelona: Gloria Perez, Nuria Garcia

Galerie Eva Presenhuber AG: Eva Presenhuber, Melanie Heit, Kristina von Bülow

Tomek Rogowiec

Esther Schipper, Berlin: Esther Schipper, Tony Izaaks, Florian Lüdde, Barbara-Brigitte Mak

Sigg Collection: Uli Sigg, Marianne Heller

Aleksandra Signer

T&C Films: Nicole Barras

Wien Museum, Wien: Wolfgang Kos, Ursula Storch, Christiane Rainer, Katrin Sippel

Ingrid Thonhofer

Wolfgang Ure

Angela Weiss

Unser besonderer Dank gilt den Künstlerinnen und Künstlern der Ausstellung bzw. deren Nachlässen sowie allen privaten Leihgeberinnen und Leihgebern, die namentlich nicht genannt werden möchten.

Kunsthaus Graz, Universalmuseum Joanneum

Peter Pakesch, Intendant Universalmuseum Joanneum, Leiter Kunsthaus Graz
Gabriele Hofbauer, Assistentin Intendanz
Katrin Bucher Trantow, Kuratorin
Adam Budak, Kurator
Katia Schurl, Johanna Ortner, Kuratorische Assistenz
Elisabeth Ganser, Registrarin
Werner Urdl, Assistenz Registratur
Magdalena Reininger, Fachpraktikantin Registratur
Paul-Bernhard Eipper, Restaurator
Monika Holzer-Kernbichler, Astrid Bernhard, Kunst- und Architekturvermittlung
Eva Ofner, Anke Leitner, Personalkoordination Aufsicht/Kunstvermittlung
Karen Greiderer, Markus Hall, Silvia Münzer, Maria Ogawa, Eva Strunz, Information
Teresa Ruff, Office Management
Andreas Schnitzler, Leiter Außenbeziehungen
Sabine Bergmann, Christoph Pelzl, Presse
Elisabeth Weixler, Marketing
Astrid Rosmann, Marketing Assistenz, Öffentlichkeitsarbeit
Barbara Ertl-Leitgeb, Web-Betreuung
Jörg Eipper Kaiser, Texter und Lektor
Johanna Hierzer, Fundraising
Gabriela Filzwieser, Veranstaltungsmanagement
Sarah Spörk, Assistenz Veranstaltungsmanagement
Helga Bauer, Tourismusbeauftragte
Leo Kreisel-Strauß, Michael Posch, Chiara Pucher, Andrea Weishaupt, Grafik
Bernd Dörling, Leitung IT
Andreas Graf, Norbert Körbler, Georg Pachler, IT
Stefan Zugaj, Lehrling IT
Erik Ernst, Technischer Leiter
Irmgard Knechtl, Assistenz Technische Leitung und Zentralwerkstatt
Robert Bodlos, Leitung Zentralwerkstatt
Erich Aellinger, Walter Ertl, Markus Ettinger, Bernd Klinger, Klaus Riegler, Peter Rumpf, Michael Saupper, Stefan Savič, Peter Semlitsch, Andreas Zerawa, Zentralwerkstatt und technische Abteilung

Catch Me!
Grasping Speed

This catalogue is published on the occasion of the exhibition **Catch Me!** Grasping Speed **Kunsthaus Graz** Universalmuseum Joanneum February 6 – April 25, 2010

Curator
Katrin Bucher Trantow

Editors
**Peter Pakesch,
Katrin Bucher Trantow**

Published by
Verlag der Buchhandlung
Walther König, Cologne

Introduction

Katrin Bucher Trantow,
Peter Pakesch

The positive quality that the rocket (both represented and actual), the Futurist scribble and the space-city share is their ultimateness. (...) It is significant that, with this material, there exists an inspirational bridge, stretching both forty years into the past, as well as forty years into the future.[1]

What Kunsthaus Graz architect Peter Cook expressed in his dictum of 1972 was a desire to harness the force and absoluteness of modernism. He calls for a *truly* urban shape to be attained – via the imaginary and real shapes of sundry representatives of speed – that carries speed and therewith life in it.

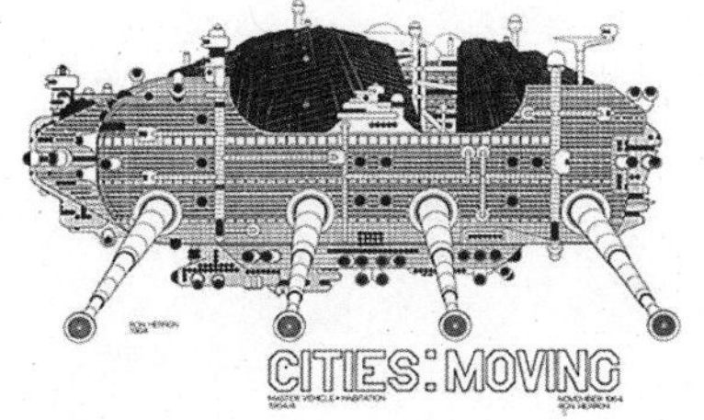

Archigram,
Walking City, 1964

The real shape of the Kunsthaus Graz, built thirty years after this appeal, evokes many things. Certainly a spaceship, possibly a living organ. But most of all, once you've seen them, it is reminiscent of the drawings in the same essay by Peter Cook and other members of Archigram from the 1970s on the subject of the *Living City*. The drawings were inspired by film, science fiction and comics. This "living city" was an influential, intellectual attempt to plug into objectives of the architects of modernism and develop shapes influenced by urban qualities such as speed, communication and movement. The thing was to build "machines for living," which were to be seen not so much in the functional attribution of a mechanically inspired structure as in the constantly changing conditions of urban-influenced life. That this in particular is characterised by different speeds lies in the nature of its mutation, and is accordingly embedded into the design.

For Archigram, mobility was a key factor in thoughts about future architecture, and it was particularly formative at the Kunsthaus Graz as well, in the emphasis on a flowing basic architectural shape, in details such as escalators, and – last but not least – in the design of the exhibition areas, where the available areas allow the Spaces to be reshaped for every exhibition as required. In this sense, the metaphor of the moving or living city is that of constant change. After exhibitions on the subjects of movement and perception in recent years, we now have, as a logical next step, an exhibition that looks into this motion inscribed in architecture and takes it a step further by looking at speed, i.e. movement in time.

Though speed is a phenomenon that can be measured by the formulae of physics ($v = x/t$), it is never the same in the specific, highly personal perception of it. Thus perception plays a key role in our assessment of speed. We also talk of different perceptions when we think about the different roles of speed in its effect on society. Thus it is not just a case of the obvious speed of motion of a body as a result of inner momentum or external force such as with cars, planes or motorcycles (which are particularly associated with the image of speed). There are also those speeds which impinged on society in the 20th century, and still do to this day. Above all, thanks to industrialization, mechanization and globalization, the pace of change is most evident in the speed of production, the speed of communication and the speed of market reactions.

Our century, which began and has developed under the insignia of industrial civilization, first invented the machine and then took it as its life model. We are enslaved by speed and have all succumbed to the same insidious virus: Fast Life, which disrupts our habits, pervades the privacy of our homes and forces us to eat Fast Foods. To be worthy of the name, Homo Sapiens should rid himself of speed before it reduces him to a species in danger of extinction.[2]

Time and again in the course of history, the older generation has recognized the acceleration of the younger generation as a danger, warned of *over*-acceleration, and

1 Peter Cook, "Zoom and Real Architecture," in *Archigram* 4, 1972 (reprinted Princeton Architectural Press 1999), p. 27.

2 Falco Portinari, *Slow Food Manifesto*, Nov. 9th, 1989, http://slowfood.com

advised *festina lente*, i.e. make haste slowly.[3] There is thus nothing new about the everyday demand these days from life counsellors and therapists to take things easy and allow more time to shape our lives, using speed only where it is important for the value of life. It is this increased appeal for deceleration itself that has recently refocused attention on speed. Speed is treated critically as a metaphor for the development and mainspring of life and for concentrated situations full of energy, creativity and can-do, and in the same vein – plugging into the enthusiasm of modernism – is celebrated with equal enthusiasm. The articles in the catalogue throw light on speed from different perspectives. In *Running on the Spot*, Slovene philosopher and sociologist Renata Salecl exposes the importance of fear – particularly fear of the end as a mainspring of an urge for speed, and shows that speed, whether slow or fast, at any rate kills. In a concentrated article, Andreas Broeckmann looks back and pinpoints by means of various examples from films and art history not only the century of speed that was officially launched by the Futurists but also a century of speed *criticism*. In *A Footprint in the Sludge*, human movement is an existential condition. Under the influence of the deliberations at climate conferences from Kyoto to Copenhagen, mobility, growth and acceleration are thus experienced as a strong motor but also as an immanent and unresolved threat to modern human life. This dialectic of speed as a threat and a driving force is the dominant idea in the article *Fast, Courageous and Bold*, in which the curator places the works in the exhibition in their situational and historical context and in the process uncovers a contemporary legacy of modernism that is to be exemplified not only in the heritage of architecture, literature and film but also dares to raise the issue of new visions, comparable with Cook's demand in 1972.

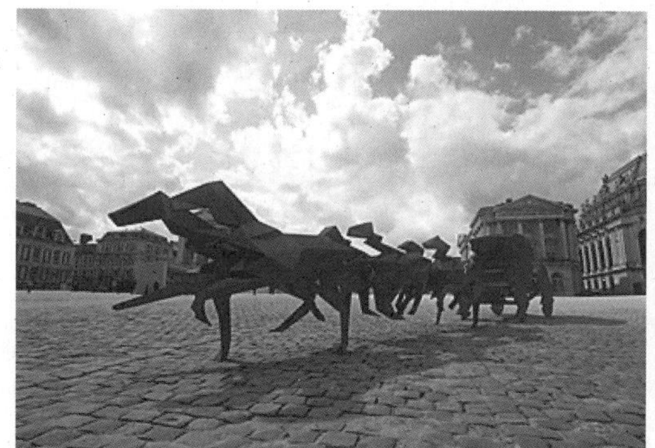

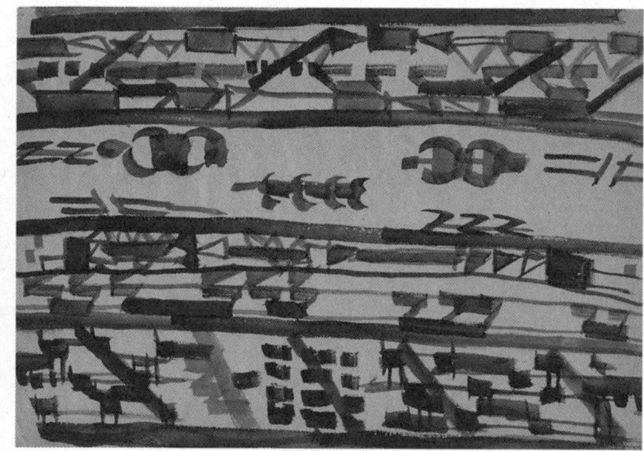

Xavier Veilhan, *Le Carrosse/ The Large Carriage*, 2009
Installation view: *VEILHAN VERSAILLES*, Palace of Versailles, 2009

Stella Weissenberg, *Straßengeräusch*, c. 1918

The *Catch Me!* collective exhibition looks at the phenomenon of speed in its sundry facets, and should also be seen as complementary to and contrasting with Tatiana Trouvé's solo exhibition in Space02, where the focus is on a state of time standing still. New works specially produced for the exhibition and the subject including those by Roman Signer, Christian Eisenberger, Markus Wilfling and Lisi Raskin, are juxtaposed with older works (in some cases newly adapted) by Xavier Veilhan, Carsten Höller, Aleksandra Mir, Ed Ruscha and Anri Sala, and along with individual takes on Erika Giovanna Klien, Wilhelm Rösler and Stella Weissenberg point to the early days of Austrian modernism and therewith to a mood of radical change and a forward-looking time driven by dynamism and change. The exhibition also looks at various media of painting, sculpture, sound installations and room installations and even performative works involving movement in space. In addition it contains a small library and media-theque on the subject, and during the opening and the finissage will be the arena for three performative works, by Lisi Raskin, Markus Wilfling, and les gens d'Uterpan dance performance group.

3 The examples range from Hartmut Rosa – cf. "Muße braucht Zeit", in *Die Zeit*, no. 1, 30th Dec. 2009, p. 35, back to humanist Erasmus, who in his *Adagia* complained about *over*hasty printers who did book printing without artistic understanding or the necessary precision, warning that the young industry would suffocate if it went on like that, with useable things drowning in a deluge of unserviceability (Venice, 1508 (!)).

The exhibition is in this respect laid out as a passage through the conditions and opportunities of speed, or as fluid movement in space. Speed as a channelled force in time thus becomes a logical libretto of design and leads associatively from one work to the next, from fast to slow and from slow to fast. In the process, the personal experience of speed stands for the multiple acceleration of everyday life, and is also apparent in its relationship with a constructed image. The works of *Catch Me!* focus both critically and ironically on pleasure in speed, which can be interpreted as the demand to experience a highly concentrated moment – in the sense of Deleuze's immanence – with all the senses and grasp it in its full flowering while on the other hand, understanding it intellectually as well, domesticating it and controlling it physically. Finding the right speed seems to be the task facing this generation, and the preoccupation with it is and remains self-reflection in a mobile, changing world.

A Footprint in the Sludge

Remarks on the 20th-Century Culture of Speed

Andreas Broeckmann

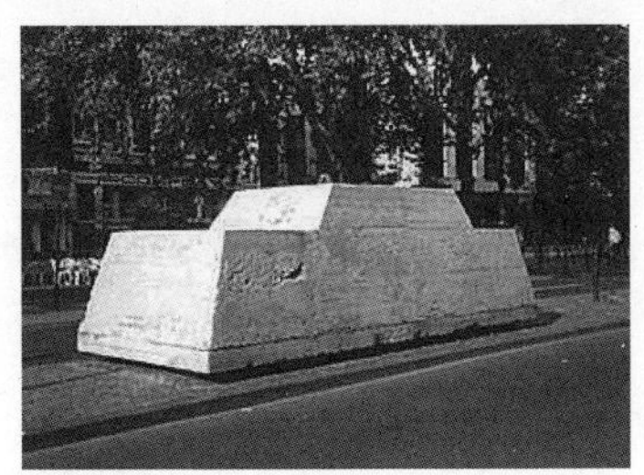

Wolf Vostell,
Ruhender Verkehr, 1969
Performance sculpture;
Opel Kapitän L embedded
in a concrete block; today on the
Hohenzollernring in Cologne

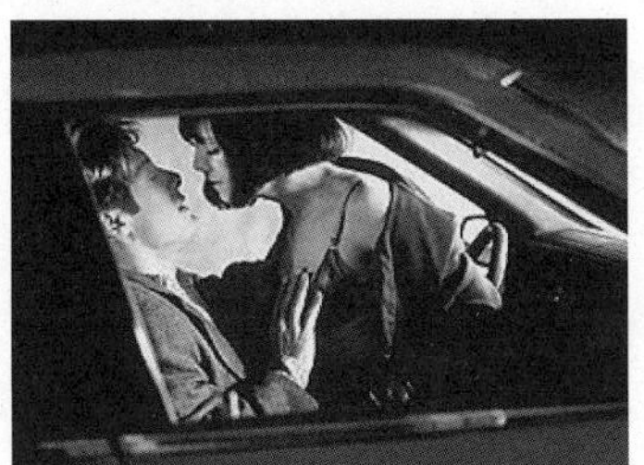

David Cronenberg,
Crash, 1996 (film still, detail)

Charlie Chaplin,
Modern Times, 1936 (film still)

The modern cult of machines and speed begins with an accident. Even before, in his newspaper publication of February 1909, Filippo T. Marinetti catapulted the First Futurist Manifesto into the world, he used the introduction to describe a dizzying car ride which, after an attempt to avoid two slow cyclists, ended in the ditch by the roadside. But Marinetti did not take this downfall as a defeat, quite the contrary: instead, it gave the driver a pleasurable encounter with the stinking and oily industrial sludge, necessary to complete the final merging of man and machine. While Einstein's Theory of Relativity and its deductions from the speed of light redefine the relations between space, time and perception, Marinetti is quick to declare *the death of space and time*, welcoming a culture which can *finally* see more beauty in a racing car than in a classical Greek sculpture.

Speed becomes the form of movement proper to Modernity – whether as technical and scientific progress, as economic growth, as movement in space or as an increase in the frequency of production. The fascination with technology often goes together with a certain desire for speed, the loss of control *and* for destruction – a yearning for the sublime experience of absolute acceleration and death. In the everyday culture of the post-World War II period, also reflected in the arts, the popular *topos* of an accelerated mobility is paired with the experience with automobile congestion and traffic jams. Thus the European 1960s are not only years of moving, but also of hindered and of standing car traffic: whether in the car crashes of Andy Warhol's *Death and Disaster* series, Wolf Vostell's Opel car locked in a concrete block, in the car junk sculptures by César Baldaccini and John Chamberlain, already pointing in the direction of David Cronenberg's film *Crash*. The same *new Realism* is used by Roy Lichtenstein, in his "brushstroke" images, to question the modernist pathos of speed in the gestural painting of Jackson Pollock's and George Mathieu's Abstract Expressionism, and to attempt what art of the industrial age has repeatedly attempted to achieve, namely the reappropriation of an alienated (or disappropriated) sense of space and time.

In 20th-century agriculture, the improvement of productivity is mainly achieved by an expansion of acreage and increase of crops, but hardly by an acceleration of production speeds which are tied to natural growth processes. At the same time, in industrial production, each individual step of processing and production is continuously optimised. The idea of armies of robots and overpowering machineries, epitomised in the scenarios of Charlie Chaplin's film *Modern Times*, is countered by machine artists like Jean Tinguely with an army of dysfunctional apparatuses and kinetic sculptures which appear hesitant and clumsy, then driven by uncontrolled haste and self-destruction, always squandering and celebrating their own *un-productivity*.

Modern warfare – to which Tinguely's work is a response – places the highest demands on the speeds of movement, production and information processing; with its *Blitzkrieg* fleets of bombers and tanks, its remote controlled rockets and drones, war has to be taken as the epitome of the 20th-century culture of speed. Important motivations for the development of the computer, and thus ancestors of digital culture, were the swift decoding of enemy encryption by means of fast and machine-based processing of large amounts of data, and the computation of the flight paths of rockets and bombs. Crucial for this was the concept of *real time*, which in informatics denotes the opposite of the "actual passing of time," but rather the necessary *simulation of synchronicity* between asynchronous processes. Cybernetics, since the mid-20th century, has been striving to turn events into manageable data which can be submitted to the logic of machine processing. Since then, the factor of time and differences in speeds play a crucial role in all cybernetic machines. It is therefore hardly surprising that the *real*

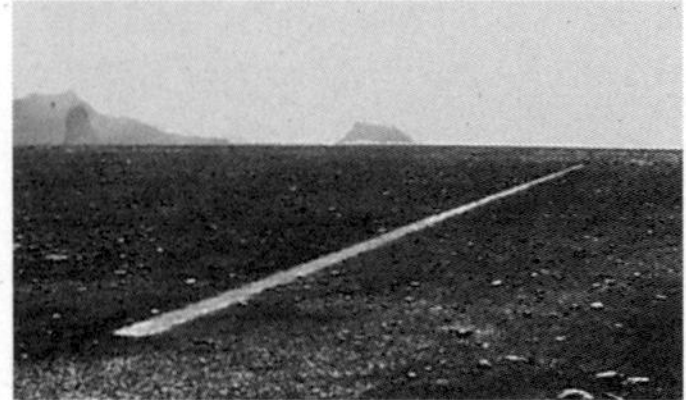

Richard Long,
Dusty Boots Line, The Sahara, 1988

time of many artworks of the post-war decades describes a radical and natural form of duration: whether in the walks of Richard Long, the date paintings of On Kawara, or the deliberate use of perishable organic materials in the oeuvre of Dieter Roth. The icon of this art of simultaneity is John Cage's *4'33"* in which the acoustic events during the defined time span constitute the piece.

Timing, frequency and synchronisation will become key concepts also for the visual arts of the 20th century. In photography, *shutter speed* is the decisive aesthetic means of quite different practitioners, whether in the multiple exposure images of Étienne-Jules Marey, in the long-time exposures of Hiroshi Sugimoto, or the extremely rapid photographs of Harold Edgerton. In cinematography, the standard of *24 images per second* provides a representation of reality which only the human eye perceives as "truly" continuous. This need for the segmentation and recomposition of temporal sequences underpins the relativity of any sense of time, because the presentation of the film requires the exact same speed of playing back the series of images, in order to create the impression of natural movements.

Too rarely, a clear distinction is made between *speed* (as a neutral measure of describing a movement or frequency) and *acceleration* (as an increase in speed). Similarly, it is too often ignored that some processes become *slower*, or that the acceleration of one process is concomitant to the deceleration of another – just think of the transit and waiting times in international airports. For a critical understanding of speed culture, it would also be useful to distinguish more rigorously between different types of speed, and between different forms of movement, representation and perception. For instance, the mobile phone has not made telephony "faster," but it has expanded the temporal availability of people for each other. The continuous increase in computation speeds is experienced by most computer users merely in the form of *shorter waiting times* – which are soon to be extended again as the communication networks, despite ever increasing bandwidths, are slowed down by new applications and security requirements. Post-modern consumer culture makes it possible to buy modernist acceleration – an *Ersatz-modernity* whose machines of speed are, most of all, machines of frustration that do not seek to incite the beginning of a better life, but merely the acquisition of the next upgrade. Like the acoustic illusion of the Shepard scale of an endlessly rising tone, or the digital development of this concept in Jan-Peter E.R. Sonntag's illusion of an endlessly "falling" white noise, the post-modern speeding frenzy is, most of all, just that: an *illusionary*, spiraling *stasis*.

A recent, design-driven redefinition of the notion of speed no longer puts blind trust in acceleration (in the sense of *faster is better*), but seeks to define an *appropriate* speed for all shapes and processes. This new definition has been criticised sharply by the philosopher Ivan Illich who points to the manifold natural and social phenomena that do *not* fit the straight-jacket of speed and timing. Like Marinetti, Illich has observed the power of machine-aided speed to disembody, to overcome gravity and disconnect the body from the continuum of nature. Thus, the *invocation of acceleration* is a code word for a *bio-politics* that spans from the 18th-century techniques of discipline, through Taylorist ergonomics, to ubiquitous computing, and that seeks the complete inscription of all events of life into an ever more refined cybernetic structure. The *potential of resistance* of art practices dealing with the paradigm of speed, relates directly to its ability to cross these temporal structures and modes of discipline.

For the imaginations of the 20th century, any type of acceleration was still of major importance, whether in the form of speed records by cars and trains, as the overcoming

Bibliografic references

Mark Dery, "An Extremely Complicated Phenomenon of a Brief Duration Ending in Destruction: the 20th Century as Slow-Motion Car Crash" in: *TechnoMorphica* (Rotterdam: V2_Organisation, 1997).

Sigfried Giedion. *Mechanization Takes Command* (Oxford University Press, 1948).

Ivan Illich, Matthias Rieger, Sebastian Trapp, "Speed? What Speed?" in Jeremy Millar, Michiel Schwarz (eds) *Speed – Visions of an Accelerated Age* (London/Amsterdam, 1998).

Peter Sloterdijk, *Eurotaoismus. Zur Kritik der politischen Kinetik* (Frankfurt/M.: Suhrkamp, 1989). Engl. excerpts in Millar/Schwarz, 1998.

Tiqqun, "L'hypothèse cybernétique" in *tiqqun 2* (Paris, 2001).

Paul Virilio, "Surfing the Accident" in Joke Brouwer et al. *The Art of the Accident* (Rotterdam: V2_Organisation/NAi Publishers, 1998).

Peter Weibel, *Die Beschleunigung der Bilder. In der Chronokratie* (Bern: Benteli, 1987).

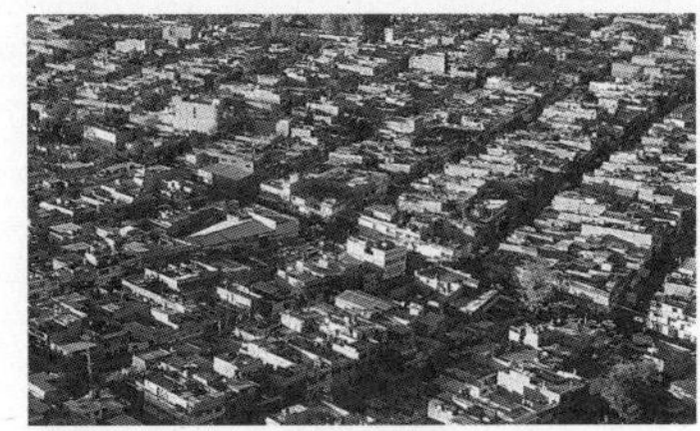

Mexiko City

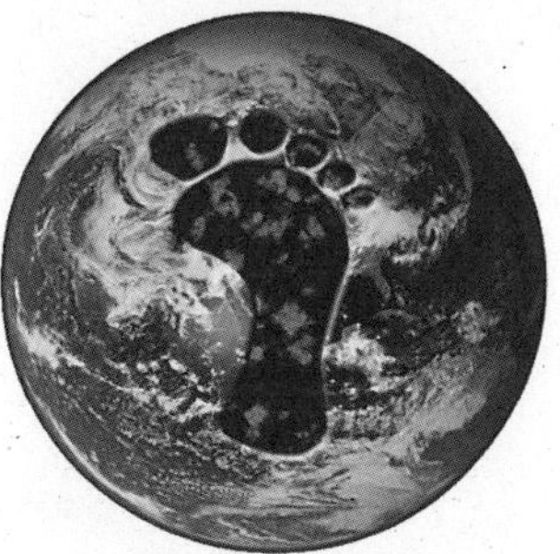

Carbon Footprint

of the sound barrier by a passenger plane, or the decoding of the human genome. By now, even the continuous and regular, five decade-old increase in computation power is little more than surprising, and also a bit boring since it is predictable according to Moore's Law whose applicability might, if Moore himself is right, end in the 2020s. In contrast, the belief in the sustainability of economic growth in capitalism was rejected by Peter Sloterdijk in his *critique of political kinetics* as early as 1989, and has been dwindling further with the realisation that this growth is directly proportional to the destruction of the environment and the natural foundations of human life on Earth. Only a few years ago, the embodiment of accelerated social developments was the sprawling of the mega-cities and their slums. But what now outshines this image is the *writing on the wall* of an accelerated climate change, its monumental sculptures of melting icebergs and glaciers dominating all political image discourses. Illustrating the romantic tableau of deceleration at the end of modernity is the (anthropomorphic) *carbon footprint* which (atavistically) hails *walking speed* as the measure not of acceleration, but of survival in the 21st century.

Running on the Spot

Renata Salecl

When people nowadays great each other and utter the polite: "How are you?" they will almost universally get the response: "Busy" or "Very busy." Not being busy implies that the person is a failure and that he has nothing important to do with his time. Even very wealthy people who could afford to lie on the beach the whole day need to be busy. They need to pack their time with activities, socializing, tours to remote places and, of course, do some shopping. When we are socializing, we need to see as many people at once as possible – in order not to waste time. When we are dealing with children, we need to multitask – for example, speak to them in a foreign language, do some exercise or teach them about classical music, so that our time with them will be most productively used. Even when we are engaging in romantic pursuits, speed is the way to go. Change of partners seems to be rather quick these days and searching for new ones even quicker. The success of "speed dating" attests to this new vogue. If one cannot even bother with finding time for this activity, the solution again is multitasking. A French-British enterprise L'atelier des Chefs understood this need to be as speedy as possible when it comes to dating and to also learn something on the way. They thus decided to offer lunch time cooking courses where singles meet while preparing a meal, quickly eat it together and then rush back to their offices.

Where are we rushing to so much? I remember when a friend contemplated putting his son into school a year earlier than it was custom in his country, another friend wondered what this speed was all about and his ironic conclusion was that going to school earlier will probably help the little boy to get early retirement. This comment touches the fact that speed is in a particular way linked to mortality. Often we think that speed will help us run away from death, however, in reality it is often the opposite – that it brings us closer to it. Even the simple act of running can be such a double-edged sword. On the one hand, we might engage in strenuous exercise in order to prolong life, but on the other hand, the stress that we put on our body can easily cause an early death.

In today's society the perception of time and speed has been changing. Similarly, we can observe a change in regard to our perception of mortality. More and more it looks as if we are actually running on the spot and that speed is not about making a change, getting somewhere else, exploring a new dimension, but rather about the extension of what is here and now into eternity.

Contemporary society thrives on the possibility of extending life, breaking down the differences between generations and creating an image of eternal youth. With this desire for the extension of life we can observe a particular denial of time. This is especially present in the so-called immortalist movement. In their manifesto, this movement demands that societies put their utmost energies into the prevention of illnesses, aging and also death. They reject the ideology of death, which claims that people need to accept that life is finite and that aging is just a natural process of life. Immortalists thus say: "In the beginning was The Dream. The conquest of Disease, Old Age and Death. The attainment of the elixir of youth. The advent of physical immortality. The Dream is about to come true."[1]

Such movements which try to figure out how to prolong life often envision new ways of creating a human body. The latter is not taken as something naturally given, but as something that can be constantly manipulated and controlled. Transhumanists especially hope that with the help of new technologies we will find new way to keep illnesses, injuries and disabilities at bay. Creating eternal life is perceived as a matter of choice, which is why Immortalists say: "We are either the last to grow old and die, or the first to stay young and live forever. We choose to be the first to stay young and live forever."[2]

1 http://immortalism.com/ (12th Dec. 2009)

2 Ibid.

Here we need to note that every culture defines time and its speed in its own way. Not only that we change our perspective about what is the speed of time, we also define time's start, its duration, the difference between past, present and future as well as time's symbolic meaning. In Communism, the idea of time was linked to the possibility of a new start and the erasure of all that existed beforehand. This is nicely exemplified in an old Romanian joke, which asks: "What is celebrated on 8th May 1821?" The answer is: "One hundred years to the founding of the Communist Party of Romania." Time before the revolution therefore did not have another independent meaning – it was simply regarded as waiting for the event to come.

The perception of future was also about waiting. The future classless society was the goal towards which society was heading. This waiting for the future did not seem like a lazy enterprise. The discourse of Communism often employed vocabulary from the business of construction – people were building the future, laying its foundation brick by brick. Even love was often described as longing for the future to come. This is nicely illustrated in the novel *Waiting* by Chinese writer Ha Jin, which depicts a doctor who patiently waits for 18 years in order to divorce his wife and marry the woman he loves only to realize that he has waited all these years for the sake of waiting alone. In today's society, there seems to be no waiting anymore. Life is about speed and satisfaction here and now. It is not surprising that New Age ideologies highly stress the need to live in the moment, to enjoy everything that is on offer now and not to defer anything to the future.

Time in today's capitalism is also regarded in a new way: there seems to be no limit, no beginning and no end. If Communism had the perception of time having a new start, capitalism creates the perception of always already being in place and continually going on in the future. This meaning is very much captured in Francis Fukuyama's term "the end of history" which expresses the feeling that no radical change in the organization of society can be envisioned now that the idea of Communism has collapsed. However, the past also appears to be without history. Post-socialist countries with the advent of capitalism, for example, started to behave as if the socialist period was just a short detour, easily erased from their history books.

The future, too is perceived as just a continuation of what is. There is no idea of building a new future anymore, only the preservation of what is. Money is to be spent even before it is earned. Life is to be enjoyed now. Even love is about getting the most from here and now and not waiting for the enjoyment to come.

In the early 1970s, French psychoanalyst Jacques Lacan made a rather pessimistic prediction about the acceleration of life in capitalism, where more and more is produced and life becomes speedier on all fronts. This speed affects the subject in such a way that the speedy subject often ends up on the path of self-destruction. The paradox is that the individual is on the one hand perceived as a master who is totally in control of his life, who can choose its direction and who is also capable of ever extending his modes of enjoyment, but on the other hand the individual quickly ends up on the path of destruction - from excessive use of alcohol and drugs to shopping, workaholism, etc. Capitalism increasingly transforms the proletarian slave into a free consumer. However, limitless consumption paradoxically provokes the moment when the individual starts "consuming himself." The type of suffering that we can observe today (from anorexia, bulimia, attention deficit disorder, depression) all attest to this claim.

Today's individual also appears to be largely self-sufficient, much less dependant on others than was the case in previous generations. The speed of today's life has changed the interactions between people. People might be under the impression that they are communicating with an ever increasing number of people, however, these interactions are often fleeting and conducted from a safe distance via the computer screen. Eva Hoffman, in her book *Time*, links the emergence of attention deficit disorder to this change in interaction. Not only do people have a hard time concentrating on one thing when they are constantly bombarded by so many stimuli (computers, phones, etc.), they have even more problems paying attention to each other. Getting someone's uninterrupted attention is hard and especially children have trouble to be noticed by their busy parents.

Cultural change has therefore happened in the way people seek closeness and how they also try to distance themselves from each other. Children often enjoy playing a game of catch me. They will try to run very fast in order not to be caught, but then when they are, they will be rewarded by the possibility that now they can run after someone else. If that person is their parent, he will for a while run fast, but at some point he (or she) will limit his speed in order to allow the child to catch him. Slowing down here will be a special gift of victory that the loving parent will try to give to his child. Although it will be a faked slowing down, it will be greatly appreciated by both. Playing hide and seek is also about the enjoyment in being hidden in such a way that at some point one will nonetheless be found – although not too quickly. If the other who is supposed to find us does not seem to work hard enough we will feel ignored and the enjoyment in the game will be greatly diminished.

When we are running away we therefore want to be observed in our attempt to distance ourselves. Often, however, we find a particular enjoyment in creating an anxiety related to our attempt to speed away. In Slovenia a particular ritual has developed on the highways which involves anxiety to a high extent. Let us say that we have a person who overtakes a series of slow trucks and then obeys the speed limit. Often behind him an impatient driver will emerge who will be very unhappy with the driver in front of him for not driving faster or not giving him the possibility to overtake. His unhappiness will show in two ways: he will flash his headlights and drive closely behind the first driver – not allowing for a safe distance between them. Such situations obviously thrive on anxiety. Although the two drivers will not meet (unless they crash), they are temporarily united in this anxiety. Both drivers get anxious because of the proximity that suddenly has built up between them. Although consciously they want nothing more than to separate, they are for the moment stuck together. The speed of the second driver is obviously an attempt to get away from others, to overtake them and speed on. This driver is however constantly engaging in new encounters. It is as if anxiety (his and the others') is what he is searching for. His speed needs to be recognized by someone else in order to give him a particular satisfaction. But he has to be limited in it in some way – by a speed limit or by another person who observes it, in order to find a particular pleasure in displeasure and then find an outlet for his mounted aggression. Death is here, too, an important factor. Speeding up has a particular enjoyment precisely because it seems to traverse the border of life and death.

For Sigmund Freud anxiety is in the final instance always related to death. Behind many of the anxieties that we daily experience the most horrible is the anxiety over the loss of our life. However, because this loss is so traumatic we often try to test death – provoke the situations that might bring us close to it and then find a particular satisfaction when we escape it. For the individual there is no enjoyment in transgression if there is no limit. We want to avoid being caught, but at the same time we are forever testing where the limit is. And above all, we want others to observe us in this testing.

Fast, Courageous and Bold

Katrin Bucher Trantow

If I can't get to sleep, I switch on the Invincibles Grand Prix in my head. Of course, no one is really invincible. Even the best drivers in Formula I history were beaten far more often than they actually won. Those involved are invincible for a different reason. They're all dead.

Starting line-up at the Invincibles Grand Prix:
Front row: Jim Clark. Gilles Villeneuve.
Second row: Elio de Angelis. Jochen Rindt.
Third row: Ayrton Senna. Patrick Depailler.
Fourth row: Tom Pryce. Peter Revson.
Fifth row: Stefan Bellof. François Cevert. [...][1]

Speed means competing. There seem to be few things so entertaining or so prone to drive people to such lengths as proving to themselves or others that they are mentally or physically ahead of the pack. Even so, or perhaps for that very reason, speed is a phenomenon that has distracted, fascinated and driven generations to jeopardise their lives in the oddest of dangerous situations and expose themselves to the maximum possible risk.

"Lawd love us!" shouted my godfather, "there's a wall flying past outside!" It got dark, and we noticed an oil lamp burning on the wall of our creaking little room. There was a rushing and a thundering noise outside in the night, as if we were set about by huge waterfalls, and eerie whistles resounded time and again. We were travelling under the ground. Godfather sat with his hands in his lap and whispered: "For God's sake. This is where I give up. Why was I such a complete idiot?" We must have been buried like that for the space of ten Hail Maries before it got light again, before the wall rushed past outside, then telegraph poles and trees, and we were chugging through a green valley."[2]

The leisurely rattling of the Semmering Railway in 1913 was a physically exhilarating and utterly and fascinatingly immoral phenomenon not just for Peter Rosegger and his godfather. Such infectious enthusiasm for technology is one of the main reasons why today we look back on a century that identified with speed economically, politically and culturally, and why speed is still associated with images of strength, growth and the future. As early as 1903, in the wake of the phenomena of industrialisation, mass production and urbanisation, poet and later Surrealist Guillaume Apollinaire predicted a century of speed. Innovations such as sewing machines and watches and the invention of photography (and therewith portraits of Everyman) dominated everyday life and perception. The new film industry and not least the railways, which had established an international network by the end of the 19th century and led to the introduction of standard Central European Time, increased the general awareness of speed. In 1909, Filippo Tommaso Marinetti, the young, charismatic son of a millionaire and owner of one of the few cars in Milan, published the now celebrated Futurist Manifesto. In his artistic credo, he conjured up the beauty of an accelerated, more technological world full of explosive energy, real power and a huge sense of drive.

1. We wish to sing the praises of a love of danger, of familiarity with energy and daring. 2. Courage, boldness and rebellion will be the essential elements of our poetry. 3. Hitherto, literature has extolled ponderous immobility, ecstasy and sleep. We would extol aggressive movement, feverish sleeplessness, double-quick marching, the salto mortale, the clip on the ear and the clenched fist. 4. We declare that the splendour of the world has been enriched by a new beauty – the beauty of speed.[3]

1 Wolf Haas, *Ausgebremst* (Reinbek: Rowohlt, 1998), p. 10.

2 Peter Rosegger, *Als ich das erste Mal auf dem Dampfwagen saß*, in: *Als ich noch ein Bergbauernbub war*, 1900–1902.

3 Filippo Tommaso Marinetti: *Manifest des Futurismus*, in: *Le Figaro*, Paris, 20th Feb. 1909.

In 1920s Austria, a sworn group of kineticists associated with Viennese Arts & Crafts professor Franz Čižek, including Erika Giovanna Klien, Elisabeth Karlinsky, Ludwig Reutterer and Stella Weissenberg, were particularly interested in ideas to do with the "new seeing" in the light of a moving and all-embracing multi-dimensionality. The result was impressive works of a self-permeating world in painting, sculpture, the theatre and graphics. Acceleration represented particularly at this time the dynamic life of cities, exponential growth in public and private traffic and therewith an increase in relative independence of place. Questions to do with simultaneity and recording exact moments by means of photography impinged on human awareness and became *the* perception-changing challenge of the 20th century.[4] Photography was - unlike painting - seen as real evidence, and spurred the fast-developing specialisation of the sciences. It supported historiography with visual evidence and was at the same time a source for the natural sciences. Analytical images such as the investigation of galloping horses by Edward Muybridge or the trajectory of a projectile by Ernst Mach left their mark on the whole of the following century and became part of society's collective memory. In them, what had hitherto remained hidden from view was taken apart in exemplary fashion by a manmade machine, tamed and irrefutably identified. Thus movement was recorded in speed, frozen and - broken down into its component parts - subjected to control.

Given this mood of radical change on the threshold of a new era of controlled acceleration, it is not therefore surprising that various ideologies made use of the metaphor of speed. The best-known example was the Nazis, who saw news presented on film - along with marketing the construction of motorways - as an ideal instrument of communication. But Mussolini, Lenin, Stalin and Roosevelt were aware of the effect of speed and developed it professionally, particularly in the film industry. There were critical voices even within these media, for example in the film *Safety Last* (1923), which portrays the inhuman acceleration of tempo in cities as a result of the overweening power of a breakneck Fordist production society. Similarly, in *Modern Times* (1936), observing the effects of the global economic crisis and mass unemployment, Chaplin presents the tragic and yet comical image of a man dependent on urban technological development and more or less conclusively denies such development the glamour of modernism.

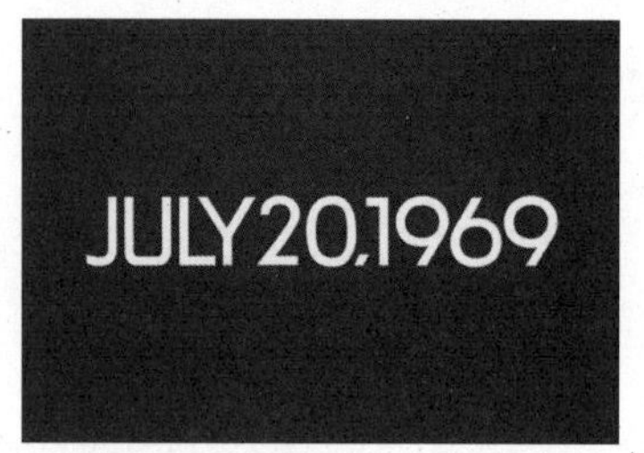

On Kawara, *JULY 20, 1969*, 1969

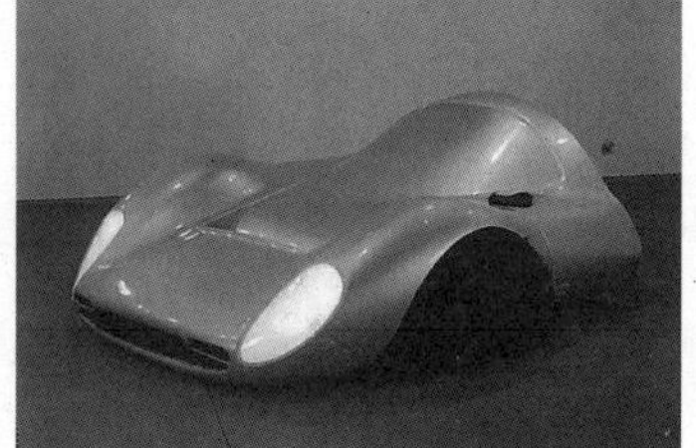
Siobhán Hapaska,
Mule, 1997

After the end of the war, speed became a thing of kitchens and workplaces. Everyday life continued to accelerate, and with the omnipresence of television the media age entered private homes as well. Art reacted, especially popular art in the person of Andy Warhol, whose perspicacious ability to interpret through reproducible media meant that his *Disaster Prints* cannot be ignored in the SPEED pigeonhole of collective memory. The techniques of Jackson Pollock and Alphons Schilling were rather different. In their case, speed was energetic movement channelled into painting. Likewise the machine art of Julio Le Parc and Jean Tinguely in the 1960s and 1970s reflected the power of speed in their theatrical and technoid creations. We can interpret the works of Richard Long or On Kawara, which allocated names or objects to lapsed time and experience, as a reaction contra the acceleration of everyday life and pro the structuring of a concept of time. From the late 1960s, film (and not much later video, too) become involved in the artistic treatment of speed and more or less imposed themselves on the subject thanks to their form. In the words of Nam June Paik, *Video isn't I see, it's I fly*.[5] His works were clocked, recording simultaneity and non-simultaneity and observing movements in space. Speed became simultaneity, documentation became surveillance.

In the 1990s, the subject was revisited in groundbreaking essays by philosophers such as Paul Virilio, Ivan Illich and Peter Sloterdijk, and yet the breakneck century with its

4 Cf. Edward Dimendberg, "Capture," in: *Speed Limits*, ed. Jeffrey T. Schnapp, 2009, p. 76: Kirk T. Varnadoe, "The Artifice of Candor: Impressionism and Photography Reconsidered," *Art in America*, no. 68 (January 1980) pp. 66–78.

5 *Speed Limits*, ed. Jeffrey T. Schnapp, 2009, p. 112.

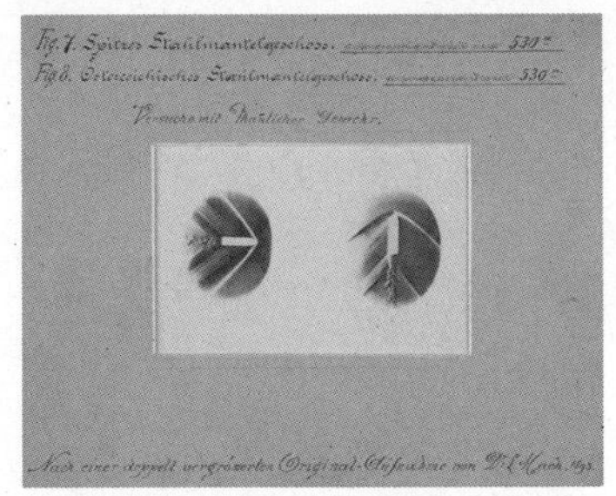

Ernst Mach, *Momentfotografie eines fliegenden Geschoßes*, 1893

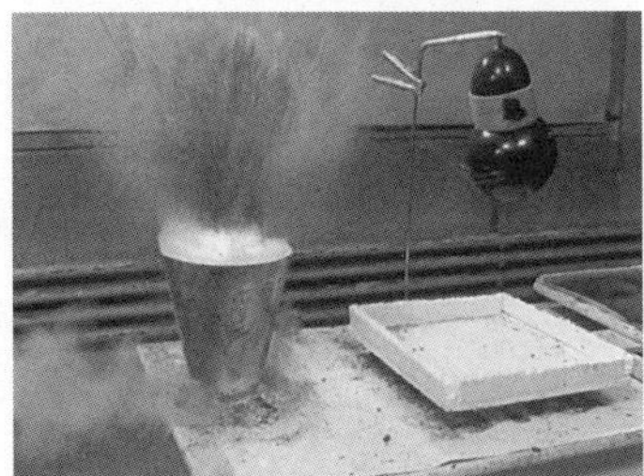

Peter Fischli and David Weiss, *Der Lauf der Dinge*, 1986/87 (film still)

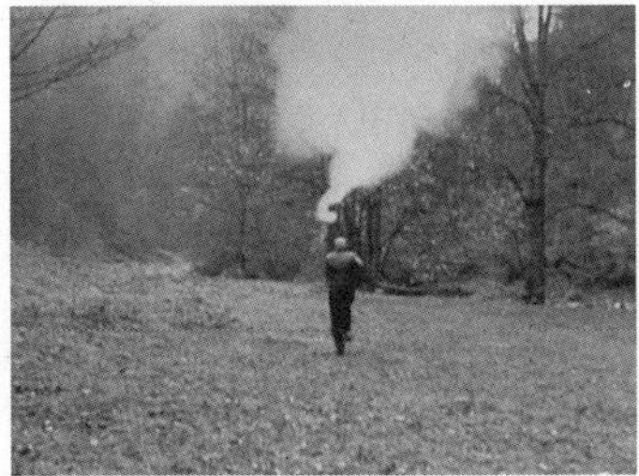

Roman Signer, *Wettlauf mit Rakete*, 1981 (film still)

exploding metropolises was not shown to be one of aspiration and futuristic visions. The talk was of the insanity of speed and the spiral of globalisation, and a time was propagated of things that must not happen under pressure. Artists such as Siobhán Hapaska, Richard Hamilton, Julian Opie and Takashi Murakami reflected a modern obsession with speed and movement.[6]

A good ten years have passed since that debate. Speed and its fascination, like reservations about it, do not diminish in society. On the contrary, speed has taken over every corner of everyday life in the global market economy, so that everything happens under the presumption of a minimum loss of time. We have concepts such as speed dating, speed cooking and even speed sports, not to mention such linguistic examples as the drug Speed and high-speed downloads. The artistic works in the exhibition are very much testimonies of their day, and together form a place for reflection about what remains an altogether ambivalent phenomenon.

The pacy, exciting and witty film *Der Lauf der Dinge* (1986/87) by Peter Fischli and David Weiss is the first exhibit in the *Catch Me!* show, and begins the game of catching and being caught almost paradigmatically. The work is about a simple domino effect, the fluctuations of life, inherent acceleration and deceleration. It caused a stir at documenta 8, and continues to rub a sore point with regard to the conditions of existence, as is indicated inter alia by its permanent installation at MoMA in New York. The film – in itself a synchronized sequence of related images – concerns an experimental arrangement of ultra-ordinary things as a pyrotechnical chain reaction. The sequence of events follows scientifically comprehensible laws of physics and chemistry, and defines itself as "order out of fluctuations," revealing itself nonetheless (or perhaps precisely by virtue of its observed theatricality and maximum physicality) as a mirror of the self on the hamster wheel of time. It is almost impossible to stand aloof from the excitement of the moment just before the flame is transmitted to the fuse, which thereupon fizzes away, or the slowly threatening rise of the water depth gauge until it finally flows over, and remain personally detached in the face of such images of existential growth and decay. Just as the film *is* a chain reaction and also depicts one, the work shows time and movement as basic constants of life mutually conditioning each other. *Der Lauf der Dinge* is like a conceptual leitmotif for the exhibition. The work, just like the spatial arrangement, simulates a circular movement, and speaks of a dependence on time that relates the present to both the future and the past.

These days, anyone and everyone can govern the speed of experience with a finger on *Macht* (Power), capturing favourites and seeing them again and again, or skipping or fast-forwarding through unwanted bits. Reality can take place in various situations and places. News can be experienced not only quickly but also simultaneously. It is almost as if film and the Internet have given us therewith a new form of reality independent of linearity in the sense of André Bazin's *Mythos des Totalen Kinos* (Myth of the Total Cinema).[7] And yet there are situations in which one is oneself exposed to external movements in time and subject to it. Roman Signer's *Wettlauf mit Rakete* (Race with Rocket) – an absurd anachronism – attempts to oppose the law of speed, playing with the quintessentially unteachable – a charming inventor whose experiments attempt to make the impossible possible. Signer himself says that he would like to record speed and see it in slow motion.[8] This is precisely what he does with the help of the film, the same way Ernst Mach did long ago, investigating with a precision camera the course of a projectile on impact. With one difference: Signer's starting point was not primarily purely technical interest, but that of the observer and sardonic critic of human perception patterns. *Le Faux Mouvement* by Gwenaël Bélanger

6 Cf. Paul Virilio, *Rasender Stillstand*, dt. 1992/ franz. 1988; *Speed: Visions of an Accelerated Age*, Whitechapel Art Gallery, 1998, with articles by Virilio, Sloterdijk, Illich and others; *Need For Speed*, Grazer Kunstverein, steirischer herbst, 1997.

7 Cf. Edward Dimendberg, "Capture," in: *Speed Limits*, ed. Jeffrey T. Schnapp, 2009, p. 74.

8 Roman Signer, "I would like to be able to see in slow motion. For me time and speed are very important. Not only space." Quoted from: *Der letzte Schnee*, Häusler Contemporary invitation card, 2009.

describes 360° of a spectacular mirror impact, thereby likewise making visible something that the human eye cannot grasp. Bélanger is similarly looking for perception patterns and their capacity for extension into other dimensions. Indistinct shadows in the picture are reminiscent of Plato and images of other parallel worlds that, with the help of technology, seem to show through at the moment of culmination. Thanks to the perfectly polished and yet so ambiguous photography, the belief of many quantum physicists in parallel universes is comprehensible.

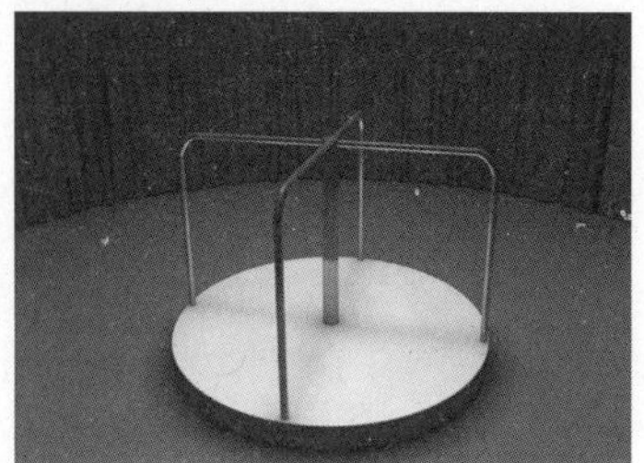

Daniel Hafner,
Carousel, 2010

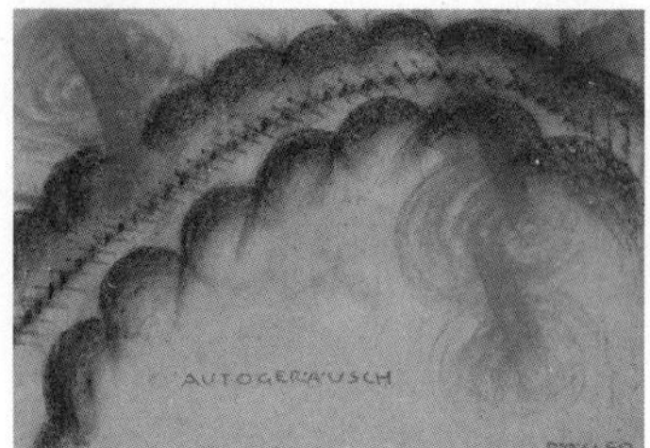

Wilhelm Rösler,
Autogeräusch, c. 1920

Daniel Hafner's *Carousel* takes us into the circle of events. It involves travelling, but also hearing and therewith truly experiencing the perception of speed, which is in this case personally controllable. Only those who dare to step on the playground contraption and set it in motion are rewarded with a tone. The sound, which in a familiar world derives from a fixed source, in this case disconcertingly comes along for the ride. The faster I walk, the faster the sound gets as well, although it won't allow itself to be caught. The extent to which perception of speed is dependent on noises is emphasised by Stella Weissenberg's *Straßengeräusch* (Street Sound) and Wilhelm Rösler's *Autogeräusch* (Car Noise), in which urban noise is visible as a split form of movement. That kind of division of sound and shape reflects the fact that we handle it like that anyway. As we have no separate organs of time like the ones we have for sound or colour, and therefore lack an important aid in analysing speed, our other senses have to compensate for this deficiency and form an internal construct out of it.**9** Markus Wilfling's *Standortvehikel* (Depot Vehicle) also reduces the shape of an ongoing movement to its utmost minimum by dividing it up. The wheel as a symbol not only of movement but also of a motorised age rises downright archaically in space and with its shape recalls directly the precursors of the Futurists or kineticists. Wilfling, who has investigated the subject of speed in various ways and in various media in his works, seems to be on a quest for the moment of weightlessness, the moment when an in-between stage is reached. It is the same in his conceptual performance for the opening of the exhibition, when, having flown in for 12 hours from his current residence in Mexico, he addresses the topic of the simultaneity of non-simultaneous things and the omnipresence of the networked artist.

Christian Eisenberger is the DIY expert among artists. His works are certainly the fastest, and charmingly present things that are sketchy and cobbled-together as works of mastery, with the wit lying in the speed. Just as Italo Calvino writes that, even in a motorised age, speed of mind is what gives us pleasure for its own sake, Eisenberger's works really exude a nimble lightness of thought generated by sheer speed.**10** Starting from two films, in which the artist seems to drag the room in a circle around him and he forms the centre of a system, he paints, glues and builds his three-dimensional, walk-in installation as a small, speedy universe. Quietly overhead floats a different system. Xavier Veilhan's *Mobile* exploits the penetration of painterly space composed by Calder and evokes the order of the planets, explicitly recalling particle models and the glamour and idealised form of the Atomium in Brussels, and sets the latter in motion. *Vehicles*, *Sculptures Automatiques* and *Light Machines* are only some of the works by the French artist that indicate his indebtedness to technology and the laws of physics. *Le Carrosse* and *Amish Boccioni* reveal that his roots lie in exploring the visionary utopias of modernism. His artistic practice is based on juxtapositions of systems of time, motion and dimension. Speed is used both as a topic and an object of investigation, and as a vehicle of change has a voice in many of his works. Just as in the exhibition the outsize *Mobile* revolves sublimely over the heads of visitors, so the question of the shape of temporally transformable, in themselves unstable physical models and the position of mankind lies at the centre of his work.

9 Cf. interview with Urs Schallenberg, NZZ Format, *Faszination Geschwindigkeit – Die Filme*, 2000.

10 "Mental speed is valuable kfor its own sake, for the pleasure it gives to anyone who is sensitive to such a thing, and not for the partial use that can be made of it. A swift piece of reasoning is not necessarily better than a long pondered one, far from it, but communicates something that is derived from its very swiftness." From: Italo Calvino, "Six memos for the next millennium," 1985, reprinted in: *Speed Limits*, ed. Jeffrey T. Schnapp, p. 291.

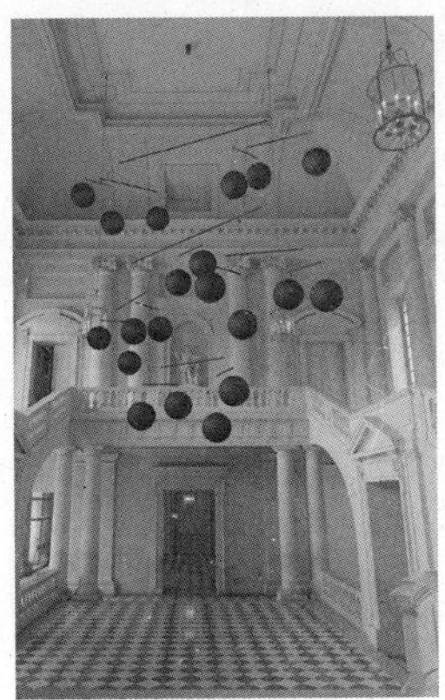

Xavier Veilhan,
Mobile, 2009

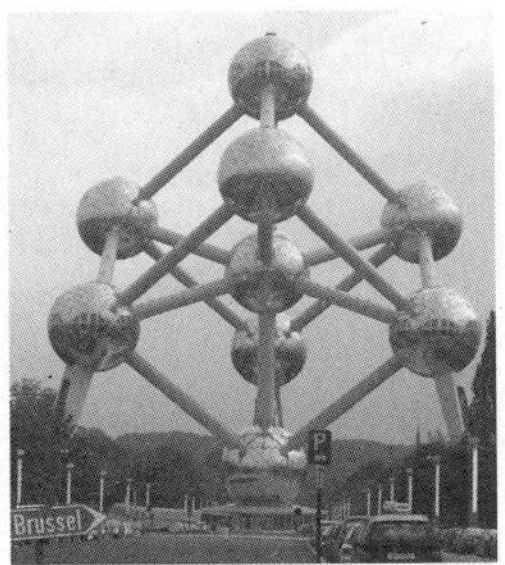

Atomium, Brussels

Also linking up with the optimism of early modernism, the subject of acceleration and speed is enthusiastically celebrated in Carsten Höller's *Slide House Projects*. The utopian images of abandoned modernist architecture that are to be brought back to life with plans for giant slides constitute a graphic development of *Slide Projects*, whose best-known version was a temporary installation *Test Site* in the Turbine Hall at the Tate Modern in 2006/07, which several thousand visitors happily slid down. "Slides manipulate people. It's almost like being under the influence of a drug, a thrilling experience but also a fast and efficient way of getting from A to B."**11** Höller's laconic explanation suggests that the kick you get from being on the slide is welcome, and is not only right and proper for the interactive experience of a sculptural work of art, but also that its very autonomy as a functioning means of urban transport gives the intervention artistic validity.

For Any Revolutionary Play by Lisi Raskin is an installation developed as a response to the utopian shape of Space01. It exploits the theatrical shape of the Nozzle as a starting ramp for a rocket, linking up with ideas and revolutionary forms of modernism. In her interpretation, there is an overtone of a seemingly childlike, thoroughly naive delight in the powerful, military-looking forceful iconography. Raskin found a unique affinity between the shapes of the building, those of avant-garde Futurist backdrops of the 1920s such as the *treppenbühne* that you could access from both sides "for any sort of revolutionary play," and those of military installations from the Cold War, overlaying and mixing them with shapes from children's playgrounds. In the case of the architects of the Kunsthaus Graz, the kinship is based on their proven interest in the ideas of modernism, for example architect and visionary Friedrich Kiesler, whose *Endless House* from his late period in the 1950s foreshadows the shape of the Kunsthaus Graz.**12**

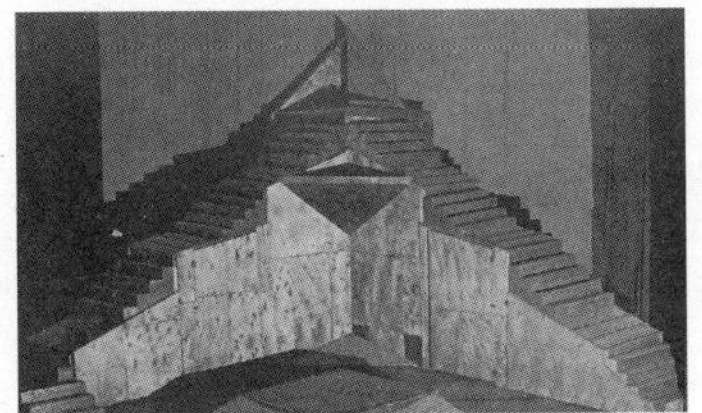

Stage for any sort of revolutionary play. In: Nancy Van Norman Baer, *Theatre in Revolution: Russian avant-garde stage* design, *1913–1935*. New York: Thames and Hudson/ San Francisco: The Fine Arts Museum of San Francisco, 1991, fig. 330.

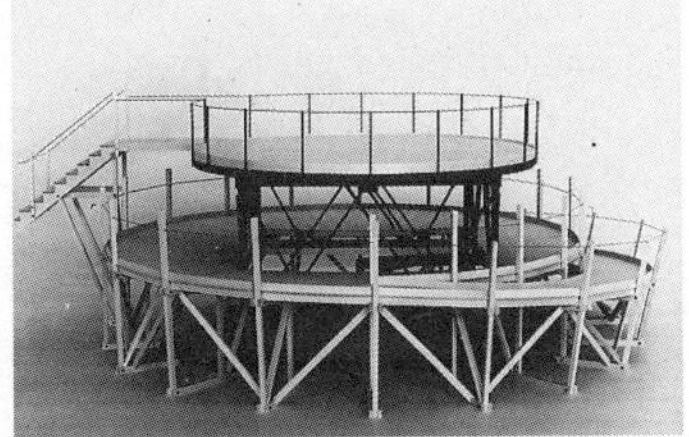

Model of Friedrich Kiesler's *Space Stage*, 1924, Austrian Theatre Museum, Vienna

Long fascinated by the culture of the Cold War, Raskin investigates the sublimity of images of military power in her works, and to this end uses draughtsmanship as much as photography, installations and performances. Formerly borrowing from the Constructivists and empty planar forms, particularly in her colour installations she blurs the boundaries between reality and fantasy, and makes use of the freedom of the jester to address topics of genderisation and the glorification of violence. The content of Swedish artist Aleksandra Mir's collages touches on the same topic in the critical use of images of a world of male-dominated speed metaphors. Since her appearance at the Venice Biennale last year, Mir has become one of the best-known female artists in Europe. In her multimedia works, she investigates the conditions affecting visual memory. *Aim for the stars* – probably influenced by her current home of Palermo – is in the tradition of adapting visual icons that allows both the reuse of Che Guevara's "hero" posters by adding a Concorde**13** and idyllic postcards with misleading inscriptions. Comparably with Tarkovsky's film *Solaris*, where submerging in memories and the image of Brueghel's winter landscape on a spaceship induce a condition of weightlessness, the series alludes to the earthly craving for utopian travel and extrasensory religious levitation, and exposes the flying devices created by man as melancholy-saturated, artificial aids used by humanity in the search for perfection – in art just as much as in the perfect machine. Lu Qing works at the logic of such a machine. Every day she sits down at her precious strip of fabric and paints a square in black ink along the woven silk structure. Always the same shape, these indicate the length of a day but also each describes structures of their own, different from the next. Lu's painterly system is based on traditions of Chinese philosophy and concrete art, using the perfect form of the square just like Albers or Malevich to identify painting as matter moving in time and reduce it to its basics.**14** Time thus becomes visible and can be paced out by visitors, while speed is reduced to slowest motion. This seems to be effectively a realisation of the ambition of Sten Nadolny's novel character Franklin to reduce and slow himself down to such an extent that every individual day is just a flicker.[15] Anri Sala and Ed Ruscha likewise talk of dissonances of time, and juxtapose speed and slowness. Anri Sala's *Time After Time* shows a donkey, the symbol of a past, pre-motorised age, at some godforsaken spot on the edge of a motorway. In the middle of the night, vulnerable and exposed, the creature seems to have landed here from another world. In the trembling of its limbs, the audience witnesses the torment of an outdated age in a breakneck time. Equally threatening, though with the gallows humour of a street ballad, *HIGH-SPEED GARDENING* welcomes the public from afar and takes visitors with it on an excursion between pleasure and frustration, or speed, intoxication and destruction, and then leads them pensively back to the thrilling movement of time.

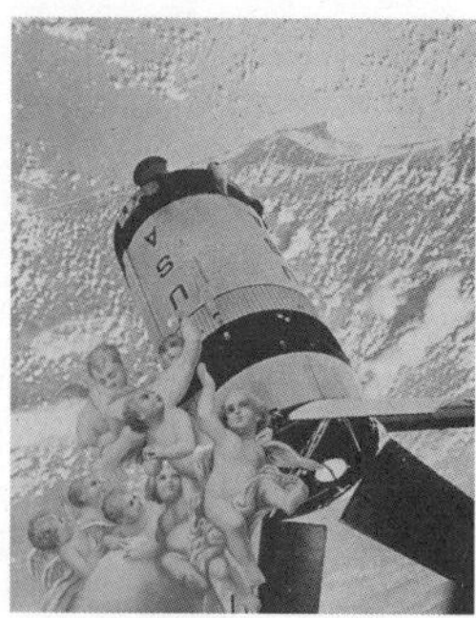

Aleksandra Mir,
USA, 2008

The exhibition brings together pictures of changeable systems and universes that become visible by means of speed. For the finissage, the whole room will be subjected – in the sense of the competitive urge mentioned at the beginning – to an attempt to relate and dynamise works, content and place. Les gens d'Uterpan are a group of dancers associated with experimental choreographers Annie Vigier and Franck Apertet. They make speed three-dimensionally palpable as a frontier experience in the protocol *X-Event 2.4 according to the protocol Les courses,* breaking it down into its component parts strength, energy, time, extent and exhaustion. Billy Roisz, whose work *brRRMMMWHEee* (part of the Diagonale film festival) makes a special film contribution to the subject in the darkness of the Kunsthaus's Space03, divides sound and image over eight monitors, thereby conveying not only a visual but also a sheer physical sensation of speed. As in the exhibition overall, a kind of grotesqueness is formulated, bundling together images of being torn raptly this way and that. Fascination gives way to resistance, slowness succeeds speed. Apparently absurd wishes are expressions of a primal human desire for the sublime. Thus the exhibition and its theme lead visitors round in a circle. The game with speed goes from dashing off to being caught. From courageous speeding up to bold deceleration, and can – before the final stop – start all over again.

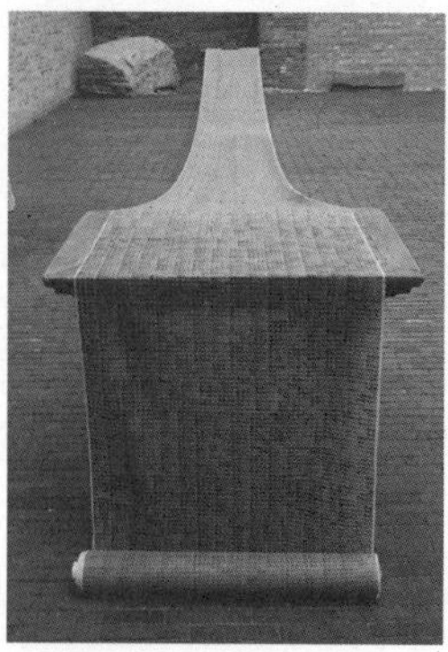

Lu Qing,
Untitled, 2000/01

Billy Roisz, *brRRMMMWHEee – extended version*, 2010 (video still)

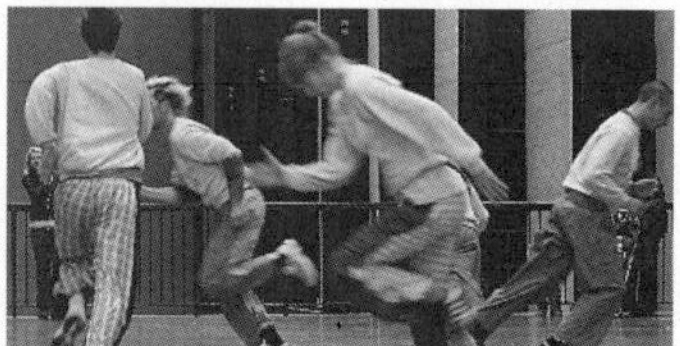

Annie Vigier & Franck Apertet – les gens d'Uterpan, *X Event 2*, 26th and 27th January 2008; in the context of the exhibition *The Living Currency*, Tate Modern, London; curator: Pierre Bal Blanc

11 Carsten Höller in an interview with Fiona Maddocks, "What's coming up at Tate Modern?", *Evening Standard*, 26th Sept. 2006.

12 Cf. the present writer's Introduction, p. 69.

13 "I have had this poster up on my own wall in New York for the last few years, with a stuck-on Concorde flying above Che's head. That's my contribution to the image. I made it the year that the Concorde was taken out of traffic. As a sad nod to the end of… you know… the end of that kind of beauty and idealism. And those two together, the perfect revolutionary man and the perfect plane, fading off in memory together." In: Aleksandra Mir and Jim Fitzpatrick, *Not everything is always Black or White*. Art Space Dublin, January 2005.

14 Cf. Berhard Fibicher, Matthias Frehner, *Mahjong. Chinesische Gegenwartskunst aus der Sammlung Sigg* (Ostfildern-Ruit: Hatje Cantz Verlag, 2005), p. 294.

15 Sten Nadolny, *Die Entdeckung der Langsamkeit* (Munich/Zurich: Piper, 2005) 39th impression, p. 27.

Index

Gwenaël Bélanger,
Le Faux Mouvement, 2008
Giclée print; three parts,
100 × 269 cm each
Courtesy of the artist and
NETTIE HORN

Christian Eisenberger, *Echo*, 2010
Installation: video and painting
Courtesy of the artist

Peter Fischli and David Weiss,
Der Lauf der Dinge, 1986/87
Film; 30 min
Camera: Pio Corradi; production:
T&C Film
Courtesy of Galerie Eva Presenhuber,
Zürich; Sprüth Magers Berlin London;
Matthew Marks Gallery, New York

Daniel Hafner, *Carousel*, 2010
Installation: carousel, sensor, curtains,
loudspeakers, computer; 2.4 × 7 × 7 m
Courtesy of the artist

Daniel Hafner, *Road*, 2006
Installation: loudspeakers,
computer; dimensions variable
Courtesy of the artist

Carsten Höller, *Slide House Project (Riviera Beach Hotel Accra No. 1/1 17. Februar 2000)*, 2000
Pencil, silver felt-tip pen on
laser print copy; 27 × 18 cm
Collection Victor Gisler, Zürich

Carsten Höller, *Slide House Project (National Theatre Accra Nr. 2/2 2. Juni 2000)*, 2000
Pencil, silver felt-tip pen on
laser print copy; 27 × 18 cm
Collection Victor Gisler, Zürich

Erika Giovanna Klien, *Studie zum Stiegenhaus Stokowski*, 1932
Pencil and watercolor on paper;
30.5 × 22 cm
Museum Moderner Kunst Stiftung
Ludwig Wien

Lu Qing, *Untitled*, 2000/01
Acrylic on silk; 4670 × 82 cm
Sigg Collection

Ernst Mach, *Geschoßfotografien mit Projektilen unterschiedlicher Form und Geschwindigkeit*, 1892
Collotype print (after photography);
11.8 × 17.7 cm (on cardboard;
27.1 × 33 cm)
ALBERTINA, Vienna – on permanent
loan from the Höhere Graphische
Bundes-Lehr- und Versuchsanstalt,
Vienna

Ernst Mach, *Momentfotografie eines fliegenden Geschoßes*, 1893
Collotype print (after photography);
11.7 × 17.7 cm (on cardboard;
27 × 33 cm)
ALBERTINA, Vienna – on permanent
loan from the Höhere Graphische
Bundes-Lehr- und Versuchsanstalt,
Vienna

Aleksandra Mir, *Aim for the stars*,
2008/09
23 collages with gold white frames;
200 × 390 cm
Courtesy of Galeria Joan Prats,
Barcelona

Lisi Raskin, *For Any Revolutionary Play*, 2010
Plywood, OSB, balsa wood, acrylic
paint; dimensions variable
Courtesy of the artist and Milliken
Gallery

Ludwig Reutterer, *Tänzerin (Entwurf für ein Plakat)*, 1920
Gouache, watercolor, coal, and opaque
white on paper; 44.8 × 31.8 cm
Wien Museum

Wilhem Rösler, *Autogeräusch*, c. 1920
Coal and color crayon on paper;
34.8 × 50 cm
Wien Museum

Billy Roisz, *brRRMMMWHEee – extended version*, 2010
Audio/video installation; sound:
Billy Roisz & dieb13
Courtesy of the artist

Ed Ruscha, *High-Speed Gardening*,
1989
Graphite and acrylic on paper;
102 × 150 cm
Fonds régional d'art contemporain de
Picardie

Anri Sala, *Time After Time*, 2003
Video; 5 min 22 s
Moderna Museet, Stockholm

Roman Signer, *Race with Rocket*, 1981
River Sitter, St. Gallen
Super 8 film; 22 s
Courtesy of the artist

Roman Signer, *Floating in a Box*, 1999
Video; 6 min 17 s
Pilot: A. Caspari, camera: Aufdi Aufdermauer, editor: Aleksandra Signer
Courtesy of Hauser & Wirth

Roman Signer, *Guided Tour through the Exhibition in the Roundhouse for the Harley Davidson Club Grace MC*,
2003
Video; 6 min
Production: videocompany.ch
Courtesy of Hauser & Wirth

Roman Signer, *Room with Christmas Tree*, 2010
Installation: wooden construction,
rotating Christmas tree, decoration;
2.8 × 4 × 4 m
Courtesy of Galerie Martin Janda –
Raum aktueller Kunst

Xavier Veilhan, *Amish*, 2008
Painted stereolithography;
horse and carriage: 12 × 10.5 × 34 cm
Courtesy of Galerie
Emmanuel Perrotin, Paris

Xavier Veilhan, *Large Carriage*, 2008
Painted stereolithography;
horses and carriage: 12.5 × 11 × 69 cm
Courtesy of Galerie Emmanuel
Perrotin, Paris

Xavier Veilhan, *Amish Boccioni*, 2008
Painted stereolithography; horse and
carriage: 12 × 12 × 36 cm
Private Collection, USA

Xavier Veilhan, *Amish Vibration*, 2008
Painted stereolithography;
horse and carriage: 12.5 × 10 × 30 cm
Collection Jeanroch Dard, Paris

Xavier Veilhan, *Mobile*, 2009
Composite material, stainless steel,
paint; 10 × 10 × 10 m
Courtesy of Andréhn-Schiptjenko,
Stockholm; Gering & Lopez Gallery,
New York; Galerie Emmanuel Perrotin,
Paris; Galeria Javier Lopez, Madrid

Stella Weissenberg, *Straßengeräusch*,
c. 1918
Watercolor on paper; 31.5 × 45 cm
Wien Museum

Markus Wilfling, *Standortvehikel*,
2009
Stainless steel; 140 cm in diameter
Private Collection Eisenköck

Markus Wilfling, *Wo da ist, muss auch dort sein*, 2010
Video installation, two parts;
infinite loop
Courtesy of the artist

Annie Vigier & Franck Apertet
(les gens d'Uterpan), *X-Event 2.4 according to the protocol Les courses*,
2010
Performance;
clothing creation: Vier 5;
sound design: Nicolas Martz
(from the baritone voice Victor Torres)
Special partners: CAC Brétigny,
Culturesfrance, Institut Culturel
Franco-Autrichien, Graz

Biographies

Gwenaël Bélanger

Born 1975 in Rimouski (CA),
lives and works in Montréal (CA)

Solo Exhibitions (Selection)

2009
Casser l'image, Centre d'exposition Expression, Ste-Hyacinthe, Québec
Le Faux Mouvement, La Bande vidéo, Complexe Méduse, Québec

2008
Œuvres récentes, Galerie Graff, Montréal
Poursuivre le hors-champ, Université du Québec à Montréal, Montréal

2006
Courir les rues, Optica, Montréal

2004
Le Point à la ligne, Galerie Graff, Montréal

2003
Chutes, Centre d'artistes Caravansérail, Rimouski

2002
Cible de choix, Centre des arts actuels Skol, Montréal
Choix déchus, Engramme, Québec

Group Exhibitions (Selection)

2009
The Hidden Land, Nettie Horn, London
Still Revolution, Contact Festival, Toronto Photography Festival, MOCCA – Museum of Contemporary Canadian Art, Toronto

2008
L'imprimé numérique en art contemporain, Sagamie, Alma
L'oreille dans l'œil, L'Œil de Poisson, Québec
La Triennale québécoise – Rien ne se perd, rien ne se crée, tout se transforme, Musée d'art contemporain de Montréal, Montréal

2007
Décoratif! Décoratif?, traveling exhibition, Musée national des beaux-arts du Québec, Québec
Espace [im] média, Galerie Horace Art actuel, Sherbrooke
Point de vue: René Payant, Galerie Verticale, Laval
Rythmes urbains, traveling exhibition, Vox, Montréal

2006
La Collection: Acquisitions récentes, Musée d'art contemporain de Montréal, Montréal
Hyperliens, traveling exhibition, Galerie Graff, Montréal

2005
Manif d'art 3, Manifestation internationale d'art de Québec, Québec *Glissements. Art et écriture*, Université du Québec à Montréal, Montréal

2004
Toronto International Art Fair, Galerie Graff, Metro Toronto Convention Center, Toronto
Pancevo Biennial, Serbia-Montenegro

2003
Détournements majeurs, Maison de la Culture Côtes-des-Neiges, Montréal
Triennale L'Art qui fait boum!, Marché Bonsecours, Montréal

2002
Le métissage comme expérience, Phase 2, Maison de la culture Frontenac, Montréal

2001
Signes en déplacement circulaire, Galerie Verticale, Laval

2000
Le métissage comme expérience, Musée régional de Rimouski, Rimouski

Christian Eisenberger

Born 1978 in Graz (AT),
lives and works in Vienna (AT)

Exhibitions (Selection)

2007
ARTmART, Künstlerhaus, Vienna
Neue Galerie, Graz
40 tage leben/arbeiten/fasten, Kirche St. Andrä, Graz
UREX – best before..., Galerie Altnöder, Salzburg
Ship of Fools, Kunstpavillon, Innsbruck
UREX, Galerie Viktor Bucher, Vienna
Sculpture in public space, Marseille/Glasgow
Lange nicht gesehen, Museum auf Abruf, Vienna

2006
Eau de Cologne, Werftgalerie, Vienna
Medienturm, Graz
Strange Cargo, Quartier 21, Museumsquartier, Vienna
Cologne Fine Art, Sonderschau, Cologne
Galerie Lisi Hämmerle, Bregenz
Tanzquartier, Vienna
Art Cologne, Cologne (with Galerie Viktor Bucher)
Frieze Art Fair, London (with Galerie Viktor Bucher)
Syndrom, Antwerpen
Open 2006, Venice

2005
ViennAfair, Vienna
update, Künstlerhaus, Vienna
Ihr Gebot ist bindend!, Werftgalerie, Vienna
Academy of Fine Arts, Beijing
Projektraum Viktor Bucher, Vienna
Betonsalon, Museumsquartier, Vienna
Hot Spots, Sammlung Essl, Klosterneuburg
Galerie Eugen Lendl, Graz
MAK, Vienna

2004
Künstlerhaus, Klagenfurt
Künstlerhaus, Graz

2003
Art Room, Saint Petersburg
Kunst Wien, Klaus Engelhorn, Vienna

2002
Galerie Klaus Engelhorn, Vienna

Peter Fischli and David Weiss

Peter Fischli, born 1952 in Zürich (CH), and David Weiss, born 1946 in Zürich (CH), live and work in Zürich (CH) Collaboration since 1979

Solo Exhibitions (Selection)

2009
Museo Nacional Centro de Arte Reina Sofía, Madrid
Sprüth Magers, London

2008
Rubber Sculptures, Skarstedt Fine Art, New York
Peter Fischli/David Weiss. Fragen und Blumen, Deichtorhallen, Hamburg

2007
Kunsthaus Zürich, Zürich
Fischli & Weiss. Fleurs & Questions, Musée d'Art Moderne de la Ville de Paris, Paris
Fischli/Weiss. The Way Things Go, IMA Institute of Modern Art, Brisbane

2006
Tate Modern, London

2003
Museum Boijmans Van Beuningen, Rotterdam

2002
Matthew Marks Gallery, New York
Fragen, Projektionen, Museum Ludwig, Cologne

2001
Peter Fischli David Weiss. Airports, Monika Sprüth / Philomene Magers, Munich

2000
Sichtbare Welt. Plötzlich diese Übersicht: Grosse Fragen – Kleine Fragen, Museum für Gegenwartskunst, Basel

1996
Peter Fischli and David Weiss In a Restless World, Walker Art Center, Minneapolis; traveling exhibition

1995
Arbeiten im Dunkeln, Swiss pavilion, La Biennale di Venezia, Venice; Kunsthaus Zürich, Zürich

1992
Musée National d'Art Moderne, Centre Georges Pompidou, Paris

1991
Wiener Secession, Vienna

1987
Museum of Contemporary Art, Los Angeles

1985
Kunsthalle Basel, Basel

Group Exhibitions (Selection)

2009
Romantische Maschinen – Kinetische Kunst der Gegenwart, Georg Kolbe Museum, Berlin
The Making of Art, Schirn Kunsthalle, Frankfurt/Main

2008
Biennale of Sydney, Sydney
Life on Mars, the 55th Carnegie International, Carnegie Museum of Art, Pittsburgh

2006
UBS Openings – Photography from the UBS Collection, Tate Modern, London
Nothing Lasts Forever, Istanbul Museum of Modern Art, Istanbul

2005/06
Faites vos jeux! Kunst und Spiel seit Dada, Migros Museum für Gegenwartskunst, Zürich; Akademie der Künste, Berlin; Kunstmuseum Liechtenstein, Vaduz

2003
La Biennale di Venezia, Venice

2002/03
Moving Pictures, Solomon R. Guggenheim Museum, New York; Guggenheim Museum Bilbao, Bilbao

1997
documenta X, Kassel

1988
Aperto, La Biennale di Venezia, Venice

1987
documenta 8, Kassel

Daniel Hafner

Born 1979 in Deutschlandsberg (AT), lives and works in Vienna (AT)

Exhibitions (Selection)

2009
Bjcem Association - 14th Biennale of Young Artists, Skopje

2008
shame, Neue Galerie, Graz
Platzen Plötzlich, Aktionstheaterensemble, Landestheater, Bregenz/ Semper-Depot, Vienna
Klub Moozak, FLUC, Vienna

2007/08
Kunstverein das weisse haus, Vienna

2006
Narratives -35 / +65: Two Generations, Kunsthaus Graz, Graz (Cat.)
Zeitgenössische Kunst im Parlament, Parliament, Vienna
Periphere Strukturen, steirischer herbst, Kunsthalle, Feldbach
It's Playtime!, Gallery of Contempotary Art, Celje (Cat.)
Vista Point, Kunstverein Medienturm, Graz
Biennale Intergraf Alpe-Adria, Udine

2005
Elevate Festival, Leemusic.org, Graz*Über die Farbe und ihre Bedeutung in der Kunst*, Künstlerhaus, Graz s/w, Forum Stadtpark, Graz
ReModerne, Lange Nacht der Musik, Künstlerhauskino, Vienna
Literaturpreis/Fest, Retzhof, Leibnitz

2004
fly high, Kunstverein Medienturm, Graz
A/V Winterstrand, Veilchen, Forum Stadtpark, Graz

2002
Die Photographie, Retzhof, Leibnitz
Musikdilettanten, steirischer herbst, herbstbar, Graz

2001
3 elektrische Galerien, steirischer herbst, Galerie & Edition Artelier, Graz
FARBEbekennen, steirischer herbst, Kulturstock K3 K.U.L.M., Pischelsdorf
springone – festival for electronic art and music, Graz
Kunst auf Zeit, Gruppe77, Graz

2000
A/V Kollision, Forum Stadtpark, Graz

1999
Musikprotokoll, steirischer herbst, Graz

Carsten Höller

Born 1961 in Brussels (BE), lives and works in Stockholm (SE)

Solo Exhibitions (Selection)

2010
Divided Divided, Museum Boijmans Van Beuningen, Rotterdam

2009
Double Slide, Museum of Contemporary Art, Zagreb
Vogel Pilz Mathematik, Esther Schipper, Berlin
Reindeers & Spheres, Gagosian Gallery, Beverly Hills

2008
The Double Club, Fondazione Prada, London
Carrousel, Kunsthaus Bregenz, Bregenz

2007
Double Shadow, Air de Paris, Paris
Carsten Höller & Karsten Höller, Gagosian Gallery, London
Neon Circle, Henry Art Gallery, Seattle

2006
Unilever Series: Carsten Höller, Turbine Hall, Tate Modern, London

2005
Die innere Konkurrenz, Esther Schipper, Berlin
Upside Down Mushroom Room, MOCA, Los Angeles

2003
Portikus, Frankfurt
Half Fiction, ICA, Boston

2002
Deux Paris, Air de Paris, Paris

2001
INSTRUMENTE aus dem Kiruna Psycholabor, Schipper & Krome, Berlin

1998
Gift (Poison), Camden Art Center, London
Neue Welt, Museum für Gegenwartskunst, Basel

1996
Skop, Wiener Secession, Vienna

Erika Giovanna Klien

Born 1900 in Borgo di Val Sugano (IT), dies 1957 in New York (US)

1919–1924/25
Studies at Arts & Crafts College in Vienna, some of the time under Franz Čižek in the Ornamental Forms Department

1922/23
Drama school
Begins work on a kinetic puppet theatre

1926–
Teaches at the Elizabeth Duncan School in Klessheim

1929
Emigrates to New York
Teaches at the Stuyvesant Neighborhood House, the Dalton School, the New School for Social Research and the Spence School

1932
Writings on art education

1934/35
Theoretical writings on teaching

1938
Becomes US citizen

1940
Theoretical writings on architectural education

1944/45–
Works as a graphic artist

1946–51
Teaches at the Walt Whitman School
Thereafter freelance artist

Exhibitions (Selection)

1922/23
Touring exhibition in the Netherlands

1923–25
Touring exhibition in the USA

1923
Dagobert Peche Memorial Exhibition, Österreichisches Museum, Vienna

1925
International Decorative Arts Exhibition, Paris

1926
International Exhibition of Modern Artistic Script, Österreichisches Museum, Vienna

1927
Artists in Arts & Crafts and Industry, Österreichisches Museum, Vienna

1928
6th International Art Education Congress, Prague

1929
Exhibition on 60th Birthday of the Arts & Crafts College, Vienna

1930
First solo exhibition at the School for Social Research, New York

1975
Galerie Michael Pabst, Vienna

1986
Erika Giovanna Klien und 10 Künstler des Wiener Kinetismus, Galerie Pabst, Munich

1987
Erika Giovanna Klien. Wien 1900–1957, Museum Moderner Kunst, Vienna

2001
Erika Giovanna Klien. Wien 1900–1957 New York, University of Applied Art, Vienna

2006
Kinetismus. Wien entdeckt die Avantgarde, Wien Museum, Vienna

Group Exhibitions (Selection)

2010
Eat Art, Kunstmuseum, Stuttgart
The *Promises of the Past/ Les Pormesses du Passé*, Centre Pompidou, Paris
Galerie im Taxispalais, Innsbruck
Crash, Gagosian Gallery, London

2009
All Creatures Great and Small, Zacheta Narodowa Galeria Sztuki, Warsaw
Die Kunst ist super!, Nationalgalerie im Hamburger Bahnhof, Museum für Gegenwart, Berlin

2008
In Living Contact, Bienal de Sao Paulo, Pavilhão Ciccillo Matarazzo
theanyspacewhatever, Guggenheim Museum, New York
Thyssen-Bornemisza Art Contemporary: Collection as Aleph, Kunsthaus Graz, Graz

2007
Il Tempo del Postino – A Group Show, Airs de Paris, Centre Pompidou, Paris
I am Future Melancholic, Tate Modern, London; Go Gallery, Milan

2005
Swedish Pavilion (with Miriam Bäckström), La Biennale di Venezia, Venice Ecstasy, MoCA, Los Angeles

2004
Carnegie International, Carnegie Museum of Art, Pittsburgh

2003
Den sista bilden, Miriam Bäckström & Carsten Höller, Moderna Museet, Stockholm
Utopia Station & Delay and Revolution, La Biennale di Venezia, Venice

1997
documenta X, *Ein Haus für Schweine und Menschen* (with Rosemarie Trockel)

1993
Aperto 93, La Biennale di Venezia, Venice

Lu Qing

Born 1965 in Shenyang, Liaoning province (CN), lives and works in Beijing (CN)

Solo Exhibitions (Selection)

1990
China Art Gallery, Beijing

1989
Longmen Gallery, Taipei

Group Exhibitions (Selection)

2009
The State of Things. Brussels/Beijing, BOZAR Centre for Fine Arts, Brussels

2008
RED Aside: Chinese Contemporary Art of the Sigg Collection, Fundació Joan Miró, Barcelona
Minimalism in Asia is Not Minimalism, Gallery A Story, Busan

2005–07
Mahjong – Chinesische Gegenwartskunst aus der Sammlung Sigg, Kunstmuseum Bern, Bern; Hamburger Kunsthalle, Hamburg; Museum der Moderne, Salzburg

2003
New Zone - Chinese Art, Zacheta National Gallery of Art, Warsaw

2001
Between Art and Politics: China's Women Artists, The Women's Museum, Århus
Open Perspective/Ars 01, Kiasma Contemporary Museum, Helsinki

2000
Fuck Off, Eastlink Gallery, Shanghai

1999
L'Invitation à la Chine, Biennale d'Issy, Issy les Moulineaux

1998
Concept and Image, China Art Archives and Warehouse, Beijing

1997
A Point of Contact, Daegu Art and Culture Hall, Daegu

Ernst Mach

Born 1838 in Chrlice (CZ), dies 1916 in Vaterstetten (DE)

Physicist and philosopher

1864
Professor of Mathematics, University of Graz

1866
Professor of Physics, University of Graz

1867
Professor of Physics, Karl Ferdinand University, Prague (1879/80, 1883/84 Rector)

1895–1901
Chair of Philosophy, with special reference to the History of Inductive Sciences, University of Vienna

1913
Moves in with his eldest son and assistant Ludwig (1868–1951) in Vaterstetten near Munich

Scientific achievements:
Mach confirms the Doppler effect experimentally and propounds (what Einstein later calls) Mach's Principle by investigating fast-moving projectiles. Mach numbers are named after him, and denote the speed of a body relative to the speed of sound. He also carries out experiments in optics. In summer 1886, Mach first succeeds in using Toepler's schlieren photography and momentography to render cones of air compression in front of projectiles visible. In a philosophical respect, his thinking is governed by a basically empirical attitude, orientation to scientific results and concentration of questions of measurement. Viennese philosophers learn much from him. Among his sharpest critics is Max Planck.

Aleksandra Mir

Born 1967 in Lubin (PL), citizen of Sweden and USA, lives and works in Palermo (IT)

Solo Exhibitions (Selection)

2009
The Dream and The Promise, Galería Joan Prats, Barcelona
The How Not To Cookbook - lessons learned the hard way, Collective Gallery, Edinburgh
Triumph, Schirn Kunsthalle, Frankfurt
Plane Landing – Photography, Galerie Laurent Godin, Paris

2008
Mandalas and Incense holders, Lisboa20 Arte Contemporanea, Lisbon
White House, Mary Boone Gallery, New York
Plane Landing in Paris, Paris
Cops and Teen, Saatchi Gallery Project Room, London
Plane Landing, Zürich Airport, organized by Kunsthaus Zürich

2007
A Retrospective of Printed Matter, Printed Matter Inc, New York
Newsroom 1986–2000, Mary Boone Gallery, New York
Sicilian pavilion, Palermo/Venice

2006
Living & Loving #3 - The biography of Mitchell Wright, White Columns, New York
Switzerland and Other Islands, Kunsthaus Zürich, Zürich

2005
Aeropuerto, Galería Joan Prats, Barcelona

Group Exhibitions (Selection)

2009
Weltraum als Fluchtlinie, Kunstverein, Wolfsburg
Making Worlds, La Biennale di Venezia, Venice
The End, Andy Warhol Museum, Pittsburgh
The Chance Encounter, SASA Gallery South Australian School of Art, Adelaide
KOSMOS. Neue Fotografien aus dem Weltraum, Stadthaus, Ulm
Shifting Identities. (Swiss) Art Now, Contemporary Art Center (CAC), Vilnius
This is Not America, El Descanso del Guerrero, Toa Baja
Deep Green, Oslo Plads, Copenhagen
Vague Terrain: Analogues of Place in Contemporary Photography, The FLAG Art Foundation, New York

2008
Ours: Democracy in the age of branding, The Vera List Center, New York
Making a Scene, Fondazione Morra Greco, Naples
God is Design, Galpão Fortes Vilaça, São Paulo

2007
The Shapes of Space: Part IV, Solomon R. Guggenheim Museum, New York
First Friday Films, Fresno Metropolitan Museum, Fresno
Detourism, Orchard, New York

2006
USA Today, Royal Academy of Arts, London
Empieza el juego, La Casa Encendida, Madrid
Nothing but pleasure, BAWAG Foundation, Vienna

2005
Return To Space, Hamburger Kunsthalle, Hamburg
Someone somewhere is furiously traveling towards you, La Casa Encendida, Madrid

Lisi Raskin

Born 1974 in Miami (US), lives and works in Brooklyn (US)

Solo Exhibitions/Projects (Selection)

2009
Launched-on-Tactical-Warning, Riccardo Crespi, Milan
Armada, Workspace Series, The Blanton Museum, University of Texas, Austin

2008
Mobile Observation Station, 25th Street, Under the High Line, New York
Mobile Observation Station (Receiving Station), Bard Center for Curatorial Studies/Hessel Museum, Annandale-on-Hudson
Command and Control, ADAA Fair, New York
Topside, Milliken Gallery, Stockholm

2007
Switchyard, Guild & Greyshkul, New York
Project Esrange (and other research), Signal Galleri, Malmö; Gävle Konstcentrum, Gävle

2006
High Positive Void Coefficient, Ricardo Crespi Gallery, Milan
Jack Shack (Dirty Bomb), PS1 MoMA, Long Island City

2005
Observation Station, Transmission Gallery, Glasgow
Art Forum Berlin, Berlin
Parallel Telegram, Künstlerhaus Bethanien, Berlin

Group Exhibitions (Selection)

2008
Soft Manipulation, Casino Luxembourg, Luxembourg
Katastrophenalarm, NGBK, Berlin
The Possibility of an Island, Museum of Contemporary Art, Miami
Through a Glass, Darkly, Redline Inaugural Exhibition, Denver

2007
Green Dreams, Kunstverein, Wolfsburg (Cat.)
Formalities, IASPIS Project Space, Stockholm (Cat.)
The Line of Time + The Plane of Now, Wallspace and Harris Lieberman Gallery, New York
Pensée Sauvage, Frankfurter Kunstverein/Ursula Blickle Stiftung, Frankfurt (Cat.)
Jardins d'Amis, Immenance, Paris
Sonotube Forms: Contemporary Art and Transport, Santa Barbara Contemporary Arts Forum, Santa Barbara

2006
Written in Light, Bloomberg LP, New York

2005
Atomica, Lombard Freid, New York
Hunch and Flail, Artists Space, New York
Greater New York 2005, PS1 MoMA, Queens (Cat.)

2004
December 13th Group, Artist's Space, New York
Salad Days, Artist's Space, New York
Art in the Office, Global Consulting Group, New York

2003
Research Station: High Desert Test Sites 3, Joshua Tree
24/7, Contemporary Art Center, Vilnius
MFA Thesis Exhibition, Columbia University, New York

2002
Escape, Egizio's Project, New York
Ides of March Biannual, ABC No Rio, New York

Ludwig Reutterer

Born 1893 in Vienna (AT), dies there in 1985

1903–07
Attends experimental school for drawing

1908–12
Training in bookbinding and printing, evening classes at the Grafische Lehr- und Versuchsanstalt

1912–14
Commercial artist in Berlin

1914–
Studies at the Arts & Crafts College in Vienna (General Department under Anton Kenner) and Ornamental Forms Department (under Franz Čižek)

1916
Called up

1918/19
Italian POW

1919
Resumes studies

–1923
Studies under Wilhelm Müller-Hofmann, Adele von Stark and Čižek

1921–
Teaches at the Federal College of Education in Wiener Neustadt, applying Čižek's art teaching methods

1929
Participates in the exhibition celebrating 60th birthday of the Arts & Crafts College

1934–
Teaches in Klagenfurt, marries Therese Keiml

1973
Wife dies, takes up kinetics again

Wilhelm Rösler

Born 1894 in Kamenický Šenov (CZ)

Attends specialist glassmaking school there

1913/14–
Studies at the Arts & Crafts College in Vienna under Adolf Boehm, Oskar Strnad and Rudolf von Larisch, and attends the Ornamental Forms course of Franz Čižek

1920/21
Čižek's Ornamental Forms course
Studies painting under Adolf Boehm and in Michael Powolny's ceramics studio

1922/23
Attends Josef Hoffmann's specialist architecture course

Billy Roisz

Born 1967, lives and works in Vienna (AT)
Video and sound experiments in the context of performance, installation, and cinema

Member of
SKYLLA (with Silvia Faessler), NotTheSameColor (with dieb13), AVVA (with Toshimaru Nakamura), CILANTRO (with Angelica Castello), subshrubs (with Angelica Castello/Maja Osojnik/ Katharina Klement), eh (with dieb13/ Burkhard Stangl)

Performances with
Martin Siewert, Anat Stainberg, Sachiko M., Alvin Lucier, Martin Brandlmayr, Otomo Yoshihide, eRikm, Peter Kutin, Jan Machacek, Michaela Grill, Nic Collins, Metamkine

Film / Music Festivals (Selection)

2009
Edinburgh Film Festival, Edinburgh

2009, 2007, 2005, 2002/03
IFF, Rotterdam

2009, 2006
donaufestival, Krems

2008, 2005
EXIS, Seoul

2008, 2003
Imageforum, Tokyo

2007
LMC Festival, London; Relay, Seoul; The Long Weekend, Tate Modern, London; Kill Your Timid Notion, Dundee

2007, 2002–05
SONAR, Spain

2006
Taktlos, Zürich

2006, 2002–04
avantoscope, Finland

2005
FBI, Osaka; SONIC ACTS, Amsterdam; UNYAZI, Johannesburg

2004
Tampere Film Festival;
Ann Arbor Film Festival; Feedback: Order from Noise, Norwich

Videoworks (Selection)

2009
close your eyes (sound: dieb13)
TILT (sound: Xentos'Fray'Bentos/S. Washington/K. Aufermann/B. Roisz)

2008
NOT STILL (sound: eRikm/dieb13)

2006
'elesyn 15.625 (sound: dieb13/T. Nakamura/K. Aufermann/S. Washington/B. Roisz)
AVVA:ragtag (AVVA)

2005
BYE BYE ONE (NotTheSameColor)

2004
broadway (NotTheSameColor)
sources (sound: Otomo Y./M. Siewert/M. Brandlmayr/Sachiko M./A. Krebs/A. Neumann/A. Dörner/rossi)

2003
-2.20 (sound: dieb13)
my kingdom for a lullaby #2 (with Michaela Grill/Sound: M. Siewert/C. Kurzmann/T. Nakamura)
i/o (dieb13/B. Stangl/B. Hauf)

2002
blinq (various soundartists)

Discography (Selection)

2008
SKYLLA, Silvia Fässler & Billy Roisz, CD, DeMEGO 001

2006
gdansk queen, AVVA (Toshimaru Nakamura & Billy Roisz), DVD, erstwhile 048

2006
krom, efzeg (Stangl/Hauf/Siewert/ dieb13/Roisz), CD, hatOLOGY 623

Ed Ruscha

Born 1937 in Omaha, Nebraska (US), lives and works in Los Angeles (US)

Exhibitions (Selection)

2009
Ed Ruscha: Fifty Years of Painting, Hayward Gallery, London; traveling to Haus der Kunst, Munich; Moderna Museet, Stockholm

2006/07
Ed Ruscha photographe, Galerie nationale du Jeu de Paume, Paris; Kunsthaus, Zürich; Museum Ludwig, Cologne

2005
United States representative, La Biennale di Venezia, Venice

2004
Cotton Puffs, Q-tips®, Smoke and Mirrors: The Drawings of Ed Ruscha, The Whitney Museum of American Art, New York; traveled to the Museum of Contemporary Art, Los Angeles; National Gallery of Art, Washington, D.C.
Ed Ruscha and Photography, The Whitney Museum of American Art, New York
Ed Ruscha, Museum of Contemporary Art, Sydney; traveled to Museo Nazionale delle Arti del XXI Secolo, Rome; Scottish National Gallery of Modern Art, Edinburgh

2003
First comprehensive monograph on the artist by Richard Marshall

2002
Ed Ruscha. Made in Los Angeles, Museo Nacional Centro de Arte Reina Sofia, Madrid
Leave Any Information at the Signal, a volume of Ruscha's writings, was published by MIT Press.

1999
Edward Ruscha Editions 1959–1999, Walker Art Center, Minneapolis

1998
J. Paul Getty Museum, Los Angeles

1989
Centre Georges Pompidou, Paris

1982/83
The Works of Edward Ruscha, San Francisco Museum of Modern Art, San Francisco; Whitney Museum of American Art, New York; Los Angeles County Museum of Art, Los Angeles

1978
Auckland City Art Gallery, Auckland

1975
Edward Ruscha: Prints and Publications 1962–74, twelve galleries in Great Britain

1974
American Pop Art, group show, Whitney Museum of American Art, New York

1973
Leo Castelli, New York

1972
Edward Ruscha (Ed-werd Rew-shay) Young Artist, Minneapolis Institute of Arts, Minneapolis

1967
Gunpowder Drawings, first one-man show in New York, Alexander Iolas Gallery, New York

1966
Los Angeles Now, first group show in Europe, Robert Fraser Gallery, London

1965
Word and Image, group exhibition, Solomon R. Guggenheim Museum, New York

1963
First solo exhibition, Ferus Gallery, Los Angeles

Anri Sala

Born 1974 in Tirana (AL),
lives and works in Berlin (DE)

Solo Exhibitions (Selection)

2009
Answer Me, Johnen Galerie, Berlin
Purchase Not By Moonlight, Contemporary Arts Center, Cincinnati; Museum of Contemporary Art, North Miami Beach

2008
Museion, Bolzano
Galerie Chantal Crousel, Paris

2007
Anri Sala: Air-Cushioned Ride, Johnen Galerie, Berlin
A Second Look, Hauser & Wirth, London
Marian Goodman Gallery, New York
Galerie Rüdiger Schöttle, Munich

2005
Long Sorrow, Fondazione Nicola Trussardi, Milan
Dammi I Colori, DAAD-Galerie, Berlin
Anri Sala – Artist in Focus, Museum Boijmans Van Beuningen, Rotterdam

2004
Wo sich Fuchs und Hase gute Nacht sagen, Deichtorhallen, Hamburg
Now I See, Art Institute, Chicago
Entre chien et loup/When the Night Calls it a Day, Musée d'Art moderne de la Ville de Paris, Paris

2003
Kunsthalle Wien, Vienna
Castello di Rivoli, Torino

2002
Concentrations, Dallas Museum of Art, Dallas

2000
De Appel Foundation, Amsterdam

Group Exhibitions (Selection)

2009
The Spirit of the Haus – 20 Jahre Haus der Kulturen der Welt, The House of World Cultures, Berlin
The Collection, Siobhan Davies Dance & Victoria Miro Gallery, London; Ikon Gallery, Birmingham
Monument to Transformation, City Gallery, Prague
Gender Check, MUMOK – Museum Moderner Kunst Stiftung Ludwig Wien, Vienna

2008
Euro-Centric Part 1, Rubell Family Collection, Miami
Eclipse – Art in a Dark Age, Moderna Museet, Stockholm

2007
Air de Paris, Centre Pompidou, Paris
Moscow Biennale of Contemporary Art, Moscow

2006
Slow Motion, Museum Boijmans Van Beuningen, Rotterdam
Zones of Contact, Sydney Biennale, Sydney
Berlin Biennale, Berlin

2004
Time Zones: Recent Film and Video, Tate Modern, London
Point of View, New Museum of Contemporary Art, New York

2003
Fast Forward, ZKM, Karlsruhe
La Biennale di Venezia, Venice

2002
Bienial de São Paulo, São Paulo
In Search of Balkania, Neue Galerie, Graz

2001
La Biennale di Venezia, Venice

2000
Media City Seoul 2000, Seoul Metropolitan Museum, Seoul
Manifesta 3, Ljubljana

1999
After the wall, Moderna Museet, Stockholm
Albanian Pavilion, La Biennale di Venezia, Venice

1995
Tunnel 95, National Gallery, Tirana

Roman Signer

Born 1938 in Appenzell (CH),
lives and works in St. Gallen (CH)

Exhibitions (Selection)

2009
Roman Signer. Werke 1975 – 2007. Schenkung Christine und Peter Kamm, Kunsthaus Zug, Zug
Der letzte Schnee, Häusler Contemporary, Munich
Roman Signer. Projektionen: Super-8-Filme und Videos 1975–2008, Hamburger Kunsthalle, Hamburg

2008
Galerie Martin Janda, Vienna
Roman Signer. Projektionen, Helmhaus Zürich, Zürich
Roman, Hauser & Wirth, London

2007
Roman Signer. Sculpting in time, Artspace, Auckland & St. Pauls St. Gallery, Auckland
Roman Signer. Werke aus der Friedrich Christian Flick Collection, Hamburger Bahnhof, Berlin
Roman Signer. Travel Pictures, Photographs – Videos – Sculpture, Langhans Galerie Praha, Prague

2006
Roman Signer. Kunstpreis Aachen 2006, Ludwig Forum für international Kunst, Aachen
Centre Culturel Suisse, Paris

2005
Roman Signer. Esculturas e instalación, CGAC Centro Galego de Arte Contemporánea, Santiago de Compostela

2003
Roman Signer. Video works, Galerija Skuc, Ljubljana
Roman Signer. Arbeiten, Sammlung Hauser & Wirth in der Lokremise St. Gallen, St. Gallen

2002
Roman Signer. Recent Works, Shiseido Galleries, Tokio
IFF, Houston

1999
Swiss Pavilion, La Biennale di Venezia, Venice
Roman Signer. Works 1971–2000, Bonnefantenmuseum, Maastricht
Roman Signer. Installationen, Secession, Vienna

1997
Roman Signer. Ich war hier, The Swiss Institute, New York

1996
Roman Signer. Works, Goldie Paley Gallery, Moore College of Art and Design, Philadelphia

1993
Skulptur, Kunstmuseum St. Gallen, St. Gallen

1990
Roman Signer. Aktion mit einer Zündschnur Appenzell-St. Gallen, 1989, ein Rückblick, Galerie Agathe Nisple, St. Gallen; Galerie Stampa, Basel
Roman Signer. Sculpture made by Telephone, Galerie Colin de Land, New York

1985
Roman Signer. Schnelle Veränderungen, Künstlerhaus, Stuttgart

1981
Roman Signer. Filminstallation, Centrum Sztuki, Galeria Studio, Warsaw; Kunsthaus Zürich, Zürich

1977
Roman Signer. Zeichnungen und Objekte aus den Jahren 1976–1978, Galerie Wilma Lock, St. Gallen

1976
Galerie Maurer, Zürich

1973
Roman Signer. Objekte/Konstruktionen, Galerie Wilma Lock, St. Gallen

Xavier Veilhan

Born 1963 in Lyon (FR), lives and works in Paris (FR)

Solo Exhibitions/Projects (Selection)

2010
Xavier Veilhan, Mucsarnok Kunsthalle, Budapest

2009
Veilhan Versailles, palace of Versailles, Versailles
Le sort probable de l'homme qui avait avalé le fantôme, La Conciergerie, Paris

2008
Furtivo, Galerie Emmanuel Perrotin, Paris; Pinacoteca Giovanni e Marella Agnelli, Torino
Sophie, Costes Restaurant L'Arbuci, Paris

2007
Metric, Gering & López Gallery, New York
Andréhn-Schiptjenko, Stockholm

2006
Les Habitants (with Renzo Piano Building Workshop), Palais des Congrès de la Communauté Urbaine de Lyon, Lyon
Miami Snowflakes, Galerie Emmanuel Perrotin, Miami
Sculptures automatiques, Galerie Emmanuel Perrotin, Paris

2005
Le Projet Hyperréaliste, Rose Art Museum, Brandeis University, Waltham; National Academy Museum, New York

2004
Vanishing Point, Espace 315, Centre Pompidou, Paris
Light Machines, Fondation Vasarely, Aix-en-Provence; Ecuries de Saint-Hugues, Cluny
Big Mobile, Forum, Centre Pompidou, Paris

2003
Keep The Brown, Sandra Gering Gallery, New York

2002
Barbican Art Gallery, London

2000
La Ford T, Centre Pompidou, Paris
The Rhinoceros, Yves St. Laurent, New York

1997
Sandra Gering Gallery, New York

Group Exhibitions (Selection)

2009
N' importe Quoi, Musée d'Art contemporain de Lyon, Lyon
Dream Time, Les Abattoirs, Toulouse
Mejan Labs Art Exhibition, Stockholm

2008
Everything else, Franklin Parrasch Gallery, New York
Destruction Party, Royal Monceau Palace Hotel, Paris

2007
The Incomplete, Chelsea Art Museum, New York
Airs de Paris, Centre Pompidou, Paris

2006
La force de l'art, Grand Palais, Paris
Thank you for the music, Simon Lee Gallery, London
Viktor Pinchuk Foundation, Kiev

2005
De lo Real y lo Ficticio: Arte contemporaneo de Francia, Museo de Arte Moderno de Mexico, Mexico City; Bass Museum, Miami

2004
Contrepoint, Musée du Louvre, Paris

2002
Audiolab 2, Palais de Tokyo, Paris
Light X Eight, Jewish Museum, New York

1999
Abracadabra, Tate Gallery, London

1998
Premises, Guggenheim Museum, New York

1997
Need for Speed, Kunsthalle, Graz

Stella Weissenberg-Junker

Born 1901 in Vienna (AT), dies there in 1986

1917–21
Studies at the Arts & Crafts College in Vienna

1917–
Attends Franz Čižek's course on Ornamental Forms and Adolf Boehm's General Department course

1918/19
General Theory of Form under Karl Witzmann

1919/20–
Specialist architecture class under Oskar Strnad and Building class under Josef Frank

Designs for stage sets and costumes for Viennese theatres:

1925/26–
Ronacher Theater (*Madame Pompadour, Das Spiel um die Liebe, Teresina*) and Johann Strauss Theater (*Paganini, Alexandria, Zarewitsch*, collaborates with Josephine Baker on *Schwarz auf Weiß* revue)

1928
Stadttheater (*Alles aus Liebe*)

1934
Casinotheater (*Laßt die Blumen sprechen*, revue with Karl Farkas)

1936/37
Burgtheater (*Donna Diana, Die gefesselte Phantasie*)

1924–38
Various commissions for the Staatsoper (*Schlagobers, Eine Nacht in Venedig, Boccaccio, Spuk im Schloß, Das Weihnachtsmärchen, Eugen Onegin, Wäschermädltanz, Das Veilchen, Gioconda, Die Flamme, Land des Lächelns*).

Spends World War II in Africa, teaching painting and drawing.

1984
A book about her experiences is published: *Der Eisstoss. Erzählungen aus den sieben verlorenen Jahren Österreichs* (ed. Oskar Jan Tauschinski, co-authored by Kurt Benesch, Vienna/Munich: Verlag Jungbrunnen 1984).

1975–1986
Lives in Vienna

Markus Wilfling

Born 1966 in Innsbruck (AT), lives and works in Graz (AT) and Vienna (AT)

Solo Exhibitions (Selection)

2009
Zwischen Alpha X und Omega, artepari contemporary, Graz
Galerie am Stein, Monika Perzl, Schärding

2008
Die einen und die anderen, Galerie Eugen Lendl, Graz

2007
Zwischen, Projektraum Viktor Bucher, Vienna
Spiegelkabinett, Kunsthalle, Krems
Alice is where is Alice, Austrian Cultural Forum, London

2005
Made for Admont, Artist in Residence, Museum für Gegenwartskunst, Benediktinerstift, Admont

2004
Lost in Order, Projektraum Viktor Bucher, Vienna

2003
Konturen der Leere, Galerie Eugen Lendl, New Space, Graz
Deleted - New Game - Run, Retzhof, Leibnitz

2001
Die Verabredung, Installation, Neue Galerie, Graz (Cat.)
Kurz und gut, Galerie 4U, Bruck an der Mur
Mehr und weniger, Galerie Eugen Lendl, Graz

2000
Phantom's Room, Galerie CC, Graz

1997
Schattenobjekte, Ausstellungsraum Mezzanin, Vienna

1994
Museum Rave, Joanneum Ecksaal, Graz

1989
Interventionen (with Stefanie), Galerie der Gruppe 77, Graz

Group Exhibitions/Projects (Selection)

2009
Air Works, Donaulände, Linz

2008
Glück im Unglück, steirischer herbst, Kunsthaus, Weiz
Readymades today, Steinle Contemporary, Munich
Internationale Biennale der Miniaturen, Gornji Milanovac

2006
Opera Austria, Luigi Pecci Centre for Contemporary Art, Prato (Cat.)

2005
Forum Festival, Forum Stadtpark, Graz

2004
Niemandsland - Modelle für den öffentlichen Raum, Künstlerhaus, Vienna

2003
Schattenobjekt Uhrturm, Graz 2003: European Capital of Culture, Graz
wo alles wahr ist, auch das gegenteil, Minoriten Galerien, Graz
Caribbean Winter, MuseumsQuartier/quartier 21, Vienna

2001
Ich Tarzan, tu felix Austria, Galerie Christine König, Vienna

2000
New Austrian Spotlight, University of Art, Istanbul

1998
The Normal Ones, Austrian Cultural Forum, London

1995
Internationale Grafikbiennale, Udine (Cat.)

1990
Zwischenstand, Stadtmuseum, Graz (Cat.)

1989
Kunst auf Zeit, poster campaign of Gruppe 77, Graz

Annie Vigier & Franck Apertet – les gens d'Uterpan

Annie Vigier, born 1965, and Franck Apertet, born 1966, live and work in Paris (FR)

Performances

2005–08
X-Event process:

in partnership with the CAC Brétigny and Micadanses, Paris
X-Event 1, Faits d'Hiver Festival, Micadanses, Paris
X-Event 2.1, La vague, CAC, Brétigny
X-Event 2.2, Les corps morts, CAC le Parc saint Léger, Pougues-les-Eaux
X-Event 2.3, Les Chutes, Domaine départemental de Chamarande, Chamarande
X-Event 2.4, Les Courses, Centre International d'Art et du Paysage, Ile de Vassivière
X-Event 2.5, Kama sutra, Biennale d'art contemporain de Lyon, Lyon
X-Event 2.6, Le goût, Biennale d'art contemporain de Lyon, Lyon
X-Event 2.7, Salives, Biennale d'art contemporain de Lyon, Lyon
X-Event 0, Faits d'Hiver Festival, Micadanses, Paris
Selection of other venues: Museum of Modern Art, Warsaw; Verbo Festival, Galerie Vermelho, São Paulo; Nam June Paik Art Center, Yongin; Playtime Festival, Paris, Berlin Biennale, Berlin; Musée du Louvre, Paris; Tate Modern, London; FRAC Bourgogne, Dijon; Festival de Performance, Cali

2008–
re|action process:

Avis d'audition, Artdanthé 2009 Festival, Vanves
Parterre, Artdanthé 2009 Festival, Vanves
Piece in seven parts, CAC, Brétigny
Assis|debout|couché, National Centre of Dance, Pantin
[PIECE THAT BEARS THE NAME AND ADDRESS OF THE PLACE WHERE IT IS PUT ON], [The Notting Hill Arts Club, 21 Notting Hill Gate, W11 3JQ, London, England], in the frame of *Paris Calling, a Franco-British season of performing arts*, London
%, in collaboration with Arnaud Michniak and Damien Bétous, Confort moderne, Poitiers
Caster, The Project Arts Centre, Dublin
Nocturne Démocratie, Faits d'Hiver Festival, Paris
Topologie, in the frame of CCN (Centre Chorégraphique National) Franche-Comté, Belfort, residency program Selection of other venues: Maison des Métallos, Clandestin festival, Paris; Kunsthalle Basel, Basel

Authors

Andreas Broeckmann, holds a PhD in Art History from the University of East Anglia, Norwich, and lives in Berlin and Dortmund. Founding director of the new *U - Centre for Art and Creativity* in Dortmund and artistic director of ISEA2010RUHR. Former director of the transmediale (2001–07) and of the medien/kunst/labor tesla. He lectures internationally about the history of modern art, media theory, machine aesthetics, and digital culture, and has curated festivals and exhibitions (Stedelijk Museum, Amsterdam, Seoul Museum of Art, among others).

Renata Salecl, philosopher and sociologist, Senior Researcher at the Institute of Criminology at the Faculty of Law in Ljubljana, Slovenia and regular visiting professor at Cardozo School of Law, New York. She is also visiting professor at the London School of Economics and at Birkbeck College, University of London. Her book *On Anxiety* was recently translated into German and published by Turia + Kant in Vienna. Her forthcoming book *Choice* will be published by Picador in New York and by Profile Books in London. She regularly writes about contemporary art as well.

First Publications and Translations

Katrin Bucher Trantow, Peter Pakesch
Introduction
(translated by Paul Aston)

Andreas Broeckmann
A Footprint in the Sludge. Remarks on the 20th-Century Culture of Speed
(translated by the author)

Renata Salecl
Running on the Spot

Katrin Bucher Trantow
Fast, Courageous and Bold
(translated by Paul Aston)

Copyrights

This catalogue is published
on the occasion of the exhibition

Catch Me!
Grasping Speed

Kunsthaus Graz
Universalmuseum Joanneum
February 6 – April 25, 2010

Supported by
Stadt Graz, Land Steiermark, A1

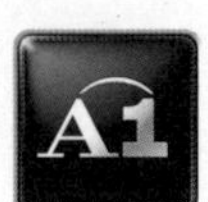

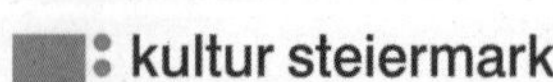

Stadt GRAZ Kultur

Curator
Katrin Bucher Trantow

Editors
Peter Pakesch,
Katrin Bucher Trantow

Assistant Editor
Johanna Ortner

Translation
Paul Aston,
Christof Huemer,
Otmar Lichtenwörther

Lectorship
Martha Davis Konrad,
Bernd Eicher,
Stefan Schwar

Art Direction
and Design
Harald Niessner,
visuelle
Kommunikation
with Katharina
Untertrifaller,
Marina Strasser

Corporate Design
Lichtwitz –
Büro für visuelle
Kommunikation

Print Supervision
Michael Neubacher

Reproduction Works
and Print
Medienfabrik Graz

Paper
Hello Silk 170g,
Biotop3 100g,
Cyclus 100g,
Invercote 300g

Font
Tram Joanneum

Published by
Verlag der Buchhandlung Walther König,
Cologne
Ehrenstr. 4, 50672 Köln
Tel. +49 (0) 221 / 20 59 6-53
Fax +49 (0) 221 / 20 59 6-60
verlag@buchhandlung-walther-koenig.de

CIP data applied for
ISBN 978-3-86560-784-3

The Deutsche Nationalbibliothek lists this publication in the Deutsche Nationalbibliografie; detailed bibliographic data are available at http://dnb.d-nb.de.

Distribution

Switzerland
Buch 2000
c/o AVA Verlagsauslieferungen AG
Centralweg 16
CH-8910 Affoltern a.A.
Tel. +41 (0) 44 762 42 00
Fax +41 (0) 44 762 42 10
a.koll@ava.ch

UK & Eire
Cornerhouse Publications
70 Oxford Street
GB-Manchester M1 5NH
Tel. +44 (0) 161 200 15 03
Fax +44 (0) 161 200 15 04
publications@cornerhouse.org

Outside Europe
D.A.P. / Distributed Art Publishers, Inc.
155 6th Avenue, 2nd Floor
New York, NY 10013
Tel: +1 212-627-1999
Fax: +1 212-627-9484
eleshowitz@dapinc.com

Printed in Austria

Kunsthaus Graz thanks

Andreas Broeckmann, Renata Salecl

Albertina, Vienna: Klaus-Albrecht Schröder, Sonja Eiböck, Monika Faber, Margarete Heck, Ingrid Kastel, Michael Ponstingl

Andréhn-Schiptjenko: Cilène Andréhn, Marina Schiptjenko

Atelier Xavier Veilhan: Mahaut de Kerraoul

Galerie Jeanroch Dard, Paris: Jeanroch Dard

Enzyme Design: Yves Malka

Claire Espinosa

FRAC Picardie, Amiens: Yves Lecointre, Caroline Oliveira

Galerie Laurent Godin: Laurent Godin, Ana de Haro

Hauser & Wirth, Zürich: Laura Bechter, Karin Seinsoth

NETTIE HORN, London: Danielle Horn, Marie Favier

Galerie Konzett, Wien/Graz: Susanne Längle

MAI 36 Galerie, Zürich: Victor Gisler, Maya Pfeifer, Gabriela Walther

Andreas Meschuh

Galerie Urs Meile, Beijing/Lucerne: Irene Christen, Natalie Colonnello, Enrico Polato

Milliken Gallery, Stockholm

Moderna Museet, Stockholm: Lars Nittve, Margareta Helleberg, Magnus Malmros, Magnus af Petersens

MUMOK – Museum Moderner Kunst Stiftung Ludwig Wien, Vienna: Edelbert Köb, Wolfgang Drechsler, Christa Mittermayr, Alexandra Pinter

Neue Galerie Graz: Günther Holler-Schuster

Galerie Emmanuel Perrotin, Paris/Miami: Emmanuelle Orenga de Gaffory

Galeria Joan Prats, Barcelona: Gloria Perez, Nuria Garcia

Galerie Eva Presenhuber AG: Eva Presenhuber, Melanie Heit, Kristina von Bülow

Tomek Rogowiec

Esther Schipper, Berlin: Esther Schipper, Tony Izaaks, Florian Lüdde, Barbara-Brigitte Mak

Sigg Collection: Uli Sigg, Marianne Heller

Aleksandra Signer

T&C Films: Nicole Barras

Wien Museum, Vienna: Wolfgang Kos, Ursula Storch, Christiane Rainer, Katrin Sippel

Ingrid Thonhofer

Wolfgagng Ure

Angela Weiss

We owe special thanks to the artists of the exhibition or their estates and to all private lenders who do not wish to be mentioned by name.

Kunsthaus Graz, Universalmuseum Joanneum

Peter Pakesch, Director Universalmuseum Joanneum and Kunsthaus Graz
Gabriele Hofbauer, Director's Assistant
Katrin Bucher Trantow, Curator
Adam Budak, Curator
Katia Schurl, Johanna Ortner, Curatorial Assistants
Elisabeth Ganser, Registrar
Werner Urdl, Registrar Assistant
Magdalena Reininger, Registrar Intern
Paul-Bernhard Eipper, Conservator
Monika Holzer-Kernbichler, Astrid Bernhard, Educational Team, Art and Architecture
Eva Ofner, Anke Leitner, Supervision Education and Staff Coordination
Karen Greiderer, Markus Hall, Silvia Münzer, Maria Ogawa, Eva Strunz, Information Staff
Teresa Ruff, Office Management
Andreas Schnitzler, Head of External Relations Department
Sabine Bergmann, Christoph Pelzl, Press
Elisabeth Weixler, Marketing
Astrid Rosmann, Marketing Assistant, Public Relations
Barbara Ertl-Leitgeb, Webmaster
Jörg Eipper Kaiser, Writer and Proofreader
Johanna Hierzer, Fundraising
Gabriela Filzwieser, Event Management
Sarah Spörk, Event Management Assistant
Helga Bauer, Tourism Representative
Leo Kreisel-Strauß, Michael Posch, Chiara Pucher, Andrea Weishaupt, Graphics
Bernd Dörling, Head of System Administration
Andreas Graf, Norbert Körbler, Georg Pachler, System Administration
Stefan Zugaj, Apprentice System Administrator
Erik Ernst, Technical Maintenance
Irmgard Knechtl, Assistant Technical Maintenance and Construction Team
Robert Bodlos, Head of Construction Team
Erich Aellinger, Walter Ertl, Markus Ettinger, Bernd Klinger, Gerhard Resch, Klaus Riegler, Peter Rumpf, Michael Saupper, Stefan Savič, Peter Semlitsch, Andreas Zerawa, Construction and Technical Team

Kunsthaus Graz

Universalmuseum
Joanneum